W9-AUO-399

SIGNES DES TEMPS

CAHIER D'APPRENTISSAGE
4e
ANNÉE

Chantale Samuel
Charles Vendette

LES ÉDITIONS
CEC

9001, boul. Louis-H.-La Fontaine, Anjou (Québec) Canada H1J 2C5
Téléphone : 514-351-6010 • Télécopieur : 514-351-3534

Direction de l'édition
Benoit Paré, 1re édition
Diane De Santis et Danielle Guy, 2e édition

Direction de la production
Danielle Latendresse

Direction de la coordination
Isabelle Rusin, 1re édition
Rodolphe Courcy, 2e édition

Charge de projet et révision linguistique
France Lord, 1re édition
SEDG, 2e édition

Rédaction et consultation scientifique, 2e édition
Maude Daniel, consultante en histoire, géographie et éducation à la citoyenneté
auprès de plusieurs commissions scolaires et institutions scolaires

Conception et réalisation
Le groupe Flexidée, communicateur graphique, 1re édition
Woawzer, 2e édition

Conception de la couverture, 2e édition
Dessine-moi un mouton

Recherche iconographique
Monique Rosevear, 2e édition

Cartographie
Antonio Dilva, 1re édition
Les Studios Artifisme, 2e édition

Illustrations
Martin Goneau, Stéphane Jorish, Jacques Lamontagne, Irina Pusztai

Remerciements

Les auteurs et l'Éditeur remercient les personnes suivantes qui ont participé à l'élaboration de cet ouvrage.

Consultation pédagogique, 1re édition
Guy Clermont, enseignant à l'école Fleur-Soleil, c. s. des Laurentides ;
Dominique St-Pierre, enseignante à l'école Les Primevères-Jouvence, c. s. des Découvreurs ;
Les conseillers pédagogiques en univers social, mesure et évaluation, mathématiques et pédagogie par projets, c. s. de Laval ;
Martine Simard et Nathalie Babin, Centre de ressources pédagogiques, c. s. de Laval.

Consultation pédagogique, 2e édition
Marc Collin, Ph.D. Histoire ;
Diane Gagné, enseignante à l'école Laurier, c. s. de Montréal ;
Catalina Lopez, enseignante à l'école Henri-Beaulieu, c. s. Marguerite-Bourgeoys ;
Paméla Blais, enseignante à l'école Henri-Beaulieu, c. s. Marguerite-Bourgeoys ;
Ève Ayotte, enseignante à l'école Saint-Jean-de-Matha, c. s. de Montréal.

Signes des temps – Cahier d'apprentissage,
2e cycle du primaire, 4e année
© 2011, Les Éditions CEC inc.
9001, boul. Louis-H.-La Fontaine
Anjou (Québec) H1J 2C5

Dépôt légal : 2011
Bibliothèque et Archives nationales du Québec
Bibliothèque et Archives Canada

ISBN 978-2-7617-3359-5 (2e édition, 2011)
ISBN 978-2-7617-1819-6 (1re édition, 2002)

Imprimé au Canada
2   3   4   5   6   15   14   13   12   11

TABLE DES MATIÈRES

UN VOYAGE DANS LE TEMPS

Cette année, nous entreprenons ensemble un voyage au cœur des sociétés de la Nouvelle-France et des Treize colonies anglo-américaines. Les escales de ce cahier te feront découvrir des grands moments de l'histoire de ceux et celles qui se sont installés en Amérique du Nord aux 17e et 18e siècles. Cette aventure sera ponctuée d'activités qui t'aideront à mieux connaître leur apport à notre société.

Ton cahier d'apprentissage *SIGNES DES TEMPS* comporte quatre Escales qui présentent les connaissances sur les sociétés que tu étudieras.

La démarche

Pour te guider, tu verras dans la marge les symboles ci-après. Ils correspondent aux trois étapes de la démarche d'apprentissage.

PRÉPARATION

Tu te questionneras sur ce que tu connais déjà.

RÉALISATION

Tu exploreras de nouvelles connaissances.

INTÉGRATION

Tu feras le point sur tes découvertes.

Un coup d'œil sur l'Escale

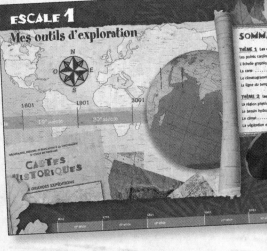

◀ Une première escale te permettra de maîtriser les outils de géographie et d'histoire. Tu pourras t'en servir tout au long du voyage, lorsque tu verras ce symbole.

page xx

Au début des escales ▶ suivantes, un projet fera appel à tes connaissances et à tes compétences. Au fil de tes lectures, tu pourras surligner dans ton cahier les éléments qui pourraient t'aider à le réaliser.

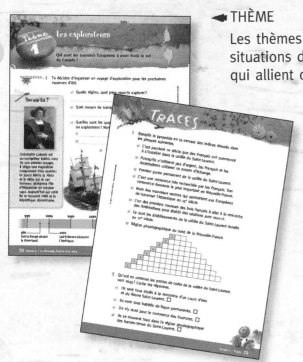

◄ THÈME

Les thèmes de chaque escale te proposeront des situations d'apprentissage variées et stimulantes, qui allient connaissances et activités.

◄ TRACES

À la fin de chaque escale, une fiche TRACES te permettra de faire la synthèse de tes découvertes.

Les rubriques

◄ **Glossaire**

La définition de certains mots dans leur contexte apparaît dans la marge. Ces définitions sont reprises en ordre alphabétique à la fin de ton cahier.

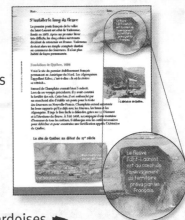

Savais-tu ? ►

Cette rubrique te propose des faits, des histoires et des compléments d'information.

Des ardoises ►
complètent l'information et t'aident à faire des liens entre le passé et le présent.

Nous sommes maintenant prêts à voyager dans le temps.

Bon voyage,

Chantale et Charles

ESCALE 1

Mes outils d'exploration

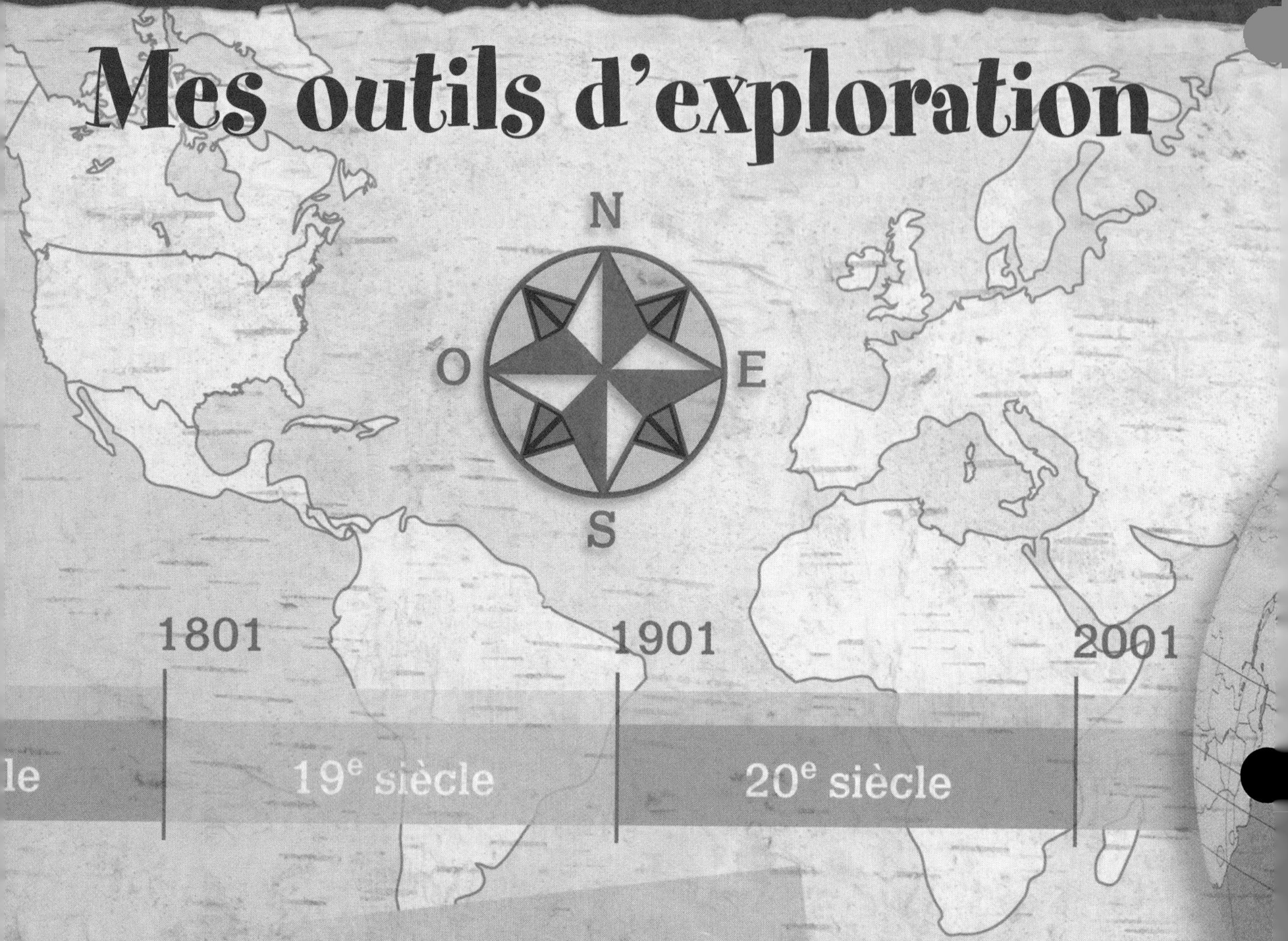

N

O E

S

1801   1901   2001

le   19ᵉ siècle   20ᵉ siècle

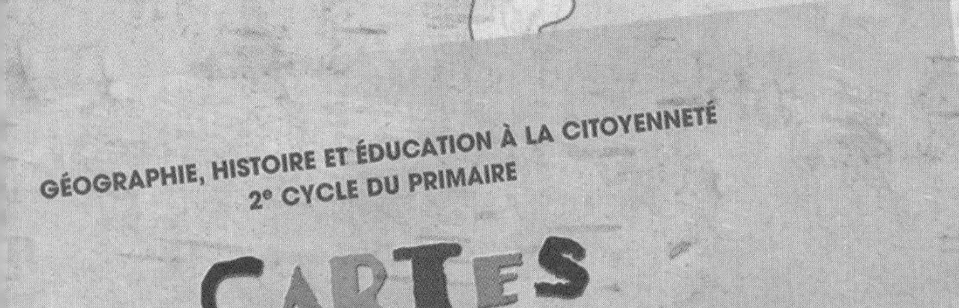

GÉOGRAPHIE, HISTOIRE ET ÉDUCATION À LA CITOYENNETÉ
2ᵉ CYCLE DU PRIMAIRE

CARTES HISTORIQUES

S GRANDES EXPÉDITIONS

OCÉAN

1601   1701   1801

17ᵉ siècle   18ᵉ siècle   19ᵉ siè

SOMMAIRE

Les outils de géographie et d'histoire

Thème 1

LES POINTS CARDINAUX

Dans ton quartier, c'est sans doute à partir du nom des rues, de certains bâtiments ou encore d'un élément du relief que tu t'orientes d'un endroit vers un autre. En pleine nature ou sur la route, c'est la position du Soleil qui aide à déterminer les points cardinaux.

Voici une petite expérience. Place-toi dos au Soleil à l'heure du midi, monte tes bras à la hauteur des épaules et regarde ton ombre. L'ombre de ta tête pointe le nord, le Soleil dans ton dos indique le sud, l'est est à ta droite et l'ouest, à ta gauche.

La boussole t'aide aussi à te diriger. Son aiguille aimantée pointe toujours vers le nord. Cependant, il s'agit du nord magnétique, situé à 1500 kilomètres du pôle Nord géographique.

Boussole.

La rose des vents te permet de repérer facilement les points cardinaux sur une carte. Elle est parfois remplacée par une simple flèche pointant le nord. Lorsqu'il n'y a ni rose des vents ni flèche, rappelle-toi que les cartes sont tracées de telle sorte que le nord se trouve toujours en haut de la carte. Tu peux alors situer le sud vers le bas, l'est vers la droite et l'ouest vers la gauche.

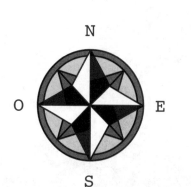

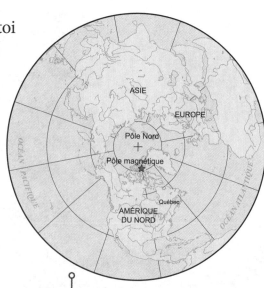

Le pôle magnétique et le pôle Nord géographique.

Les points collatéraux permettent de s'orienter avec plus de précision.
À toi de t'y retrouver.

1 a) Sur la rose des vents ci-dessous, indique les points cardinaux et collatéraux.

b) Colorie en rouge les personnages se trouvant à l'est et à l'ouest.

c) Colorie en bleu les personnages se trouvant au nord et au sud.

2 Situe les objets de l'encadré par rapport aux personnages.

a) Le voilier est au .... de l'Amérindien et à ....
du soldat français.

b) Le canot d'écorce est au .... du soldat français et à
.... de l'Amérindien.

c) Le fusil est au .... de l'agriculteur et au ....
de l'Amérindien.

d) La charrette est au .... de l'agriculteur et au ....
du soldat français.

L'ÉCHELLE GRAPHIQUE

Pour bien préparer un voyage, il est utile de consulter une carte afin de connaître à l'avance les distances à parcourir. Sur la plupart des cartes et des plans se trouve une échelle graphique comme celle-ci :

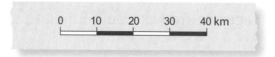

L'information contenue sur cette ligne graduée te permet de calculer la distance réelle entre deux endroits. Voici deux méthodes pour mesurer la distance à vol d'oiseau, c'est-à-dire la distance en ligne droite entre deux lieux.

Avec une règle

Ⓐ À l'aide d'une règle, mesure la distance entre Cap-Pelé et Champvert.

Ⓑ Reporte la distance mesurée à l'aide de la règle sur l'échelle graphique. Lis le nombre de kilomètres indiqué sur l'échelle.

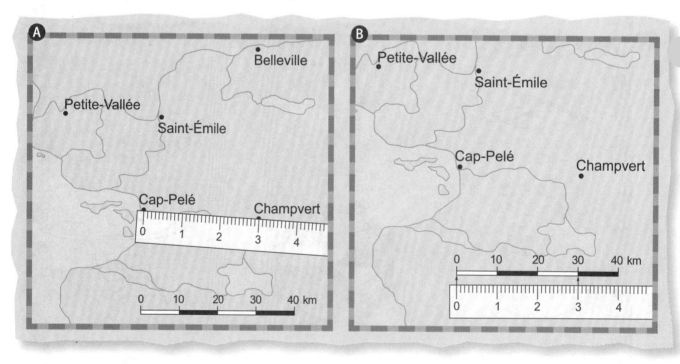

1   Quelle est la distance réelle, c'est-à-dire sur le terrain, entre Cap-Pelé et Champvert? ....

Avec une feuille de papier

A Place le coin d'une feuille de papier sur le point de départ, Cap-Pelé, et marque le bord de la feuille vis-à-vis du point d'arrivée, Belleville.

B Reporte la distance mesurée à l'aide du papier sur l'échelle graphique. Place le coin de la feuille sur le point zéro de l'échelle.

C Il se peut que l'échelle soit trop courte pour calculer la distance d'un seul coup. Il faut alors reporter sur l'échelle graphique le reste de la distance indiquée sur le papier. En additionnant les deux distances trouvées, tu verras que Cap-Pelé est situé à 50 kilomètres de Belleville.

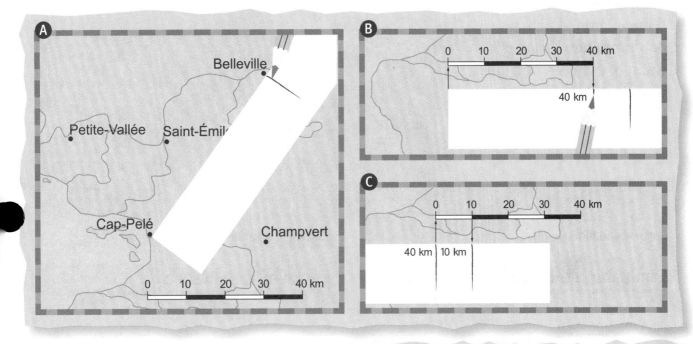

2 Utilise la méthode de ton choix pour estimer la distance à vol d'oiseau entre les villes suivantes. Indique ta réponse en kilomètres.

a) Calcule la distance entre Hull et Montréal : ....

b) Calcule la distance entre Hull et Chicoutimi : ....

c) Calcule la distance entre Montréal et Québec : ....

LA CARTE

Il existe différents types
de cartes pour illustrer
les réalités géographiques,
historiques et économiques.
Pour bien lire une carte,
il est important de consulter
attentivement sa légende
et son titre. La carte permet
de situer des lieux et de
comprendre les réalités
d'une région, d'un pays
ou du monde. L'atlas est
un livre qui regroupe une
grande variété de cartes.

Carte historique •

La Nouvelle-France vers 1745

Carte économique •

L'industrie de l'aluminium au Québec

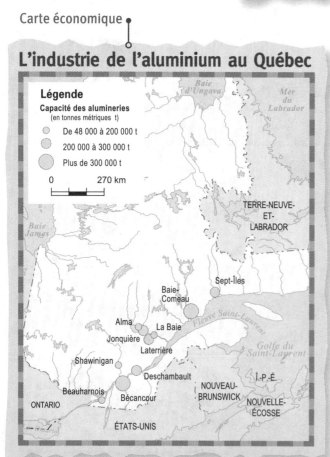

Carte géographique •

Le relief du Québec

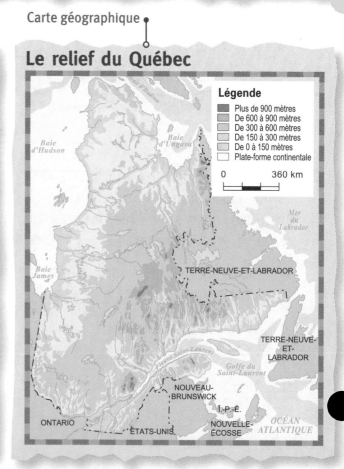

1 Écris le nom de chaque type de carte au bon endroit.

- **Carte économique**
- **Carte historique**
- **Carte routière**
- **Plan**

Le plan représente les rues d'un quartier. La carte routière indique les routes d'une région.

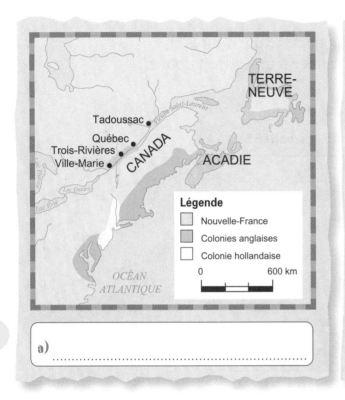

a) ....

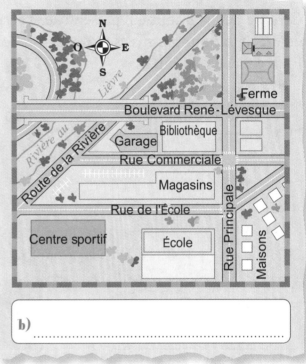

b) ....

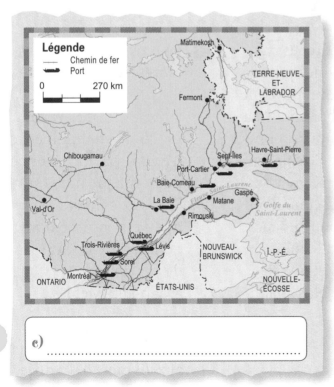

c) ....

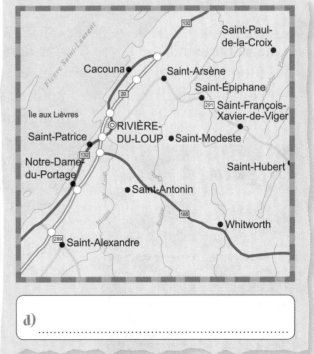

d) ....

LE CLIMATOGRAMME

La météorologie est la science qui étudie les phénomènes atmosphériques comme la température, les précipitations et les vents. Dans leur station d'observation, les météorologues compilent de l'information sur le temps qu'il fait. Leurs résultats parviennent sous forme de diagrammes appelés climatogrammes.

Ce type de diagramme représente les variations de températures et de précipitations mesurées tout au long de l'année à un endroit donné. En voici deux exemples.

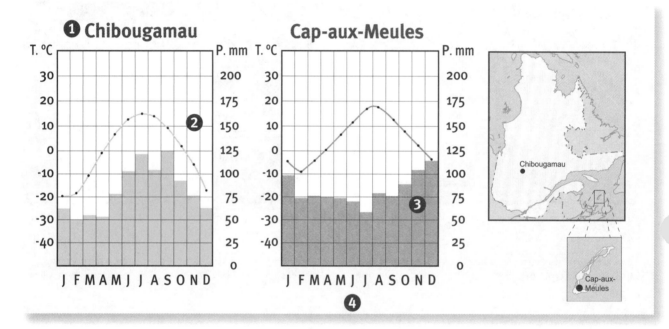

❶ Le nom au-dessus du diagramme indique la station météorologique où ont été enregistrées les données.

❷ Les points reliés par une ligne indiquent la température moyenne pour chaque mois. La température est donnée en degrés Celsius. La courbe te permet de voir en un coup d'œil qu'à Chibougamau, janvier est le mois le plus froid et juillet, le mois le plus chaud.

❸ Les colonnes verticales représentent le total des précipitations. La pluie, la grêle et la neige sont mesurées en millimètres d'eau. Il y a une colonne pour chaque mois. Tu peux constater que c'est en décembre qu'il tombe le plus de précipitations à Cap-aux-Meules.

❹ Au bas du diagramme, les lettres correspondent aux 12 mois de l'année.

Une météorologue de Montréal est débordée. Elle n'a pas pu consigner les températures de la dernière année sur un climatogramme.

1 **a)** Observe les données de la météorologue.

b) Complète le climatogramme suivant à l'aide de points.

c) Relie les points afin de lire plus facilement le diagramme.

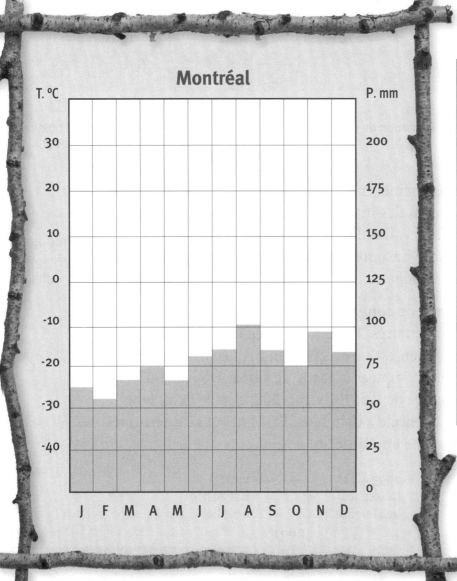

Mois	Température moyenne à Montréal
Janvier	-10 °C
Février	-9 °C
Mars	-2 °C
Avril	6 °C
Mai	12 °C
Juin	18 °C
Juillet	21 °C
Août	20 °C
Septembre	15 °C
Octobre	9 °C
Novembre	1 °C
Décembre	-7 °C

2 Réponds aux questions suivantes en te référant au climatogramme que tu viens de compléter.

a) Quel est le mois le plus froid à Montréal? ....

b) Quel est le mois le plus chaud à Montréal? ....

c) Durant quel mois y a-t-il le moins de précipitations à Montréal? ....

LA LIGNE DU TEMPS

Tu connais déjà la ligne du temps. C'est un diagramme qui permet de classer des événements les uns par rapport aux autres. Il t'aide aussi à calculer le temps écoulé entre les événements.

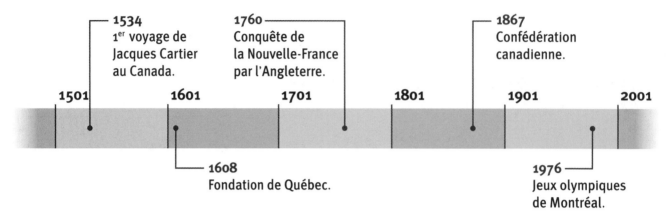

Sur la ligne du temps, les événements sont placés en ordre chronologique. On sépare le diagramme selon des intervalles fixes. La ligne du temps précédente est divisée en intervalles d'un siècle. Tu peux choisir des intervalles différents selon tes besoins : une heure, une année, une décennie, un siècle ou un millénaire.

Chronologique : classé selon les dates.

Voici un exemple qui permet de comprendre comment on détermine les limites des siècles et des millénaires. Florence est née en 1993, au 20e siècle. Son jeune frère Julien est né en 2001, au 21e siècle. Dans notre chronologie, les années sont comptées à partir de l'an 1. De l'an 1 à l'an 100, c'est le premier siècle ; de l'an 101 à l'an 200, c'est le deuxième siècle et ainsi de suite. Le 20e siècle a débuté en l'an 1901 et s'est terminé en l'an 2000. Julien est donc né au 21e siècle.

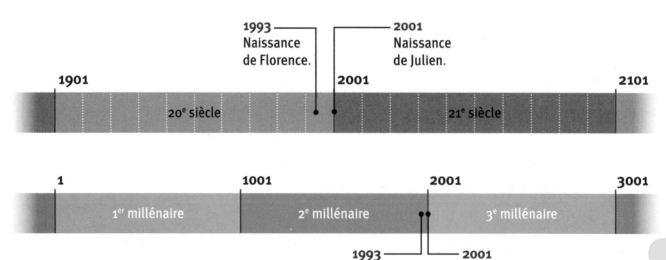

Il existe plusieurs façons de représenter la ligne du temps. Elle peut être horizontale ou verticale. Elle peut aussi prendre la forme d'un ruban.

1 Sur la ligne du temps, inscris les siècles à l'endroit approprié.

1501	1601	1701	1801	1901	2001	2101

[ ] siècle   [ ] siècle   [ ] siècle   [ ] siècle   [ ] siècle   [ ] siècle

2 Complète la ligne du temps ci-dessous en effectuant les tâches suivantes.

a) Colorie en rouge le 17e siècle.

b) Colorie en bleu le 18e siècle.

c) Indique par un trait les dates suivantes : 1534, 1608 et 1760.

d) Calcule le nombre d'années écoulées entre la fondation de Québec et la conquête de la Nouvelle-France par l'Angleterre. Réfère-toi à la première ligne du temps de la page précédente.

....

e) Calcule le nombre d'années écoulées entre le premier voyage de Jacques Cartier au Canada et aujourd'hui.

....

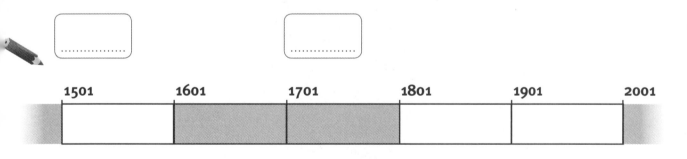

Les éléments de géographie

Thème 2

LA RÉGION PHYSIOGRAPHIQUE

Une région physiographique ressemble aux traits du visage d'une personne. Ton nez, tes yeux, ta bouche te distinguent des autres. De la même manière, une région physiographique se différencie d'une autre par son sous-sol, son sol, son relief et sa végétation.

Le Québec compte quatre régions physiographiques.

1 Sur la carte suivante, trouve ta région. Situe-la par rapport au fleuve Saint-Laurent en utilisant les points cardinaux. Donne son principal trait physique.

....

....

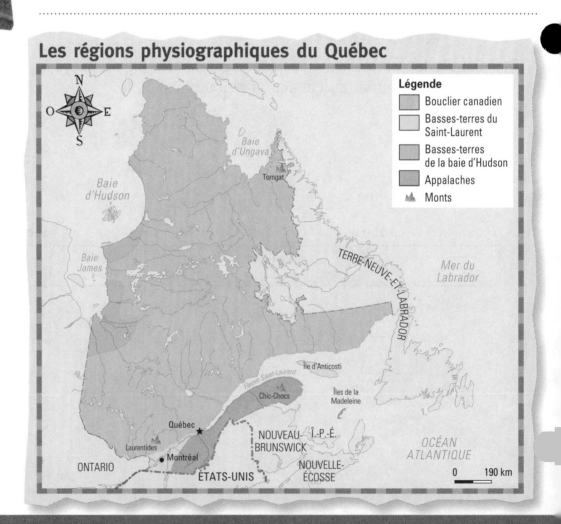

Les régions physiographiques du Québec

Légende
- Bouclier canadien
- Basses-terres du Saint-Laurent
- Basses-terres de la baie d'Hudson
- Appalaches
- Monts

Paysage du Bouclier canadien.

Le Bouclier canadien

Le Bouclier canadien occupe 90 % du territoire du Québec. C'est un immense plateau composé des plus anciennes roches du continent américain. Cette région au relief accidenté est constituée d'une multitude de collines, de lacs et de puissantes rivières. Il y a très longtemps, ces collines étaient de hautes montagnes. L'érosion causée par le vent, la pluie et le gel les a aplanies. Seuls les Laurentides au sud et les monts Torngat au nord-est ont échappé à l'usure du temps.

Le sol du Bouclier canadien est rocailleux et peu fertile. Par contre, les forêts y poussent facilement. Le sous-sol renferme des minerais, comme l'or, l'argent, le cuivre, le zinc et le fer.

Les Appalaches

Les Appalaches forment une chaîne de montagnes anciennes, arrondies par l'érosion. Les plus hauts sommets, les monts Chic-Chocs, ne dépassent pas 1300 mètres. Cette région au sud du fleuve Saint-Laurent est dominée par les collines et les vallées.

Le fond des vallées est tapissé d'une couche de terre épaisse et cultivable. Les collines au sol peu profond sont recouvertes de forêts. Le sous-sol contient plusieurs minerais, dont l'amiante, le sel, le zinc et le cuivre.

Paysage des Appalaches.

Les basses-terres du Saint-Laurent

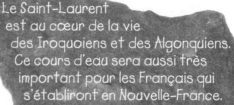
Le Saint-Laurent est au cœur de la vie des Iroquoiens et des Algonquiens. Ce cours d'eau sera aussi très important pour les Français qui s'établiront en Nouvelle-France.

Les basses-terres du Saint-Laurent forment un corridor entre le Bouclier canadien et les Appalaches. Cette plaine fertile est située de part et d'autre du fleuve Saint-Laurent. Elle est parsemée de lacs et de rares collines, appelées les Montérégiennes. Les monts Royal et Saint-Hilaire en font partie.

Le sous-sol n'est pas très riche en minerais. Cependant, il contient d'importantes ressources, comme le gravier, le sable et le calcaire.

Paysage des basses-terres du Saint-Laurent.

Paysage des basses-terres de la baie d'Hudson.

Les basses-terres de la baie d'Hudson

Cette région physiographique n'occupe que 1 % du territoire québécois. La majeure partie des basses-terres de la baie d'Hudson se trouve en Ontario. Cette vaste plaine renferme les plus grandes terres humides du monde. Les étangs et les lacs y sont nombreux. La végétation se compose essentiellement de mousses et d'arbustes rabougris.

2 Les basses-terres du Saint-Laurent sont la région la plus peuplée du Québec. D'après toi, quels sont les traits physiques qui ont tant attiré la population ? Surligne les bonnes réponses.

a) Région traversée par un grand fleuve.

b) Région montagneuse au sol peu fertile.

c) Plaine fertile au relief peu accidenté.

d) Sous-sol riche en cuivre, en fer et en zinc.

3 Associe chaque région physiographique à ses caractéristiques.
Inscris la lettre appropriée dans chaque cercle.

◯ Ancienne chaîne de montagnes située au sud du fleuve Saint-Laurent. Ses collines arrondies sont recouvertes de forêts.

◯ Immense plateau rocheux recouvrant 90 % du territoire québécois, parcouru par de puissantes rivières.

◯ Terres humides où ne poussent que des mousses et des arbres rabougris.

◯ Plaine fertile brisée par les collines Montérégiennes.

Appalaches.

Bouclier canadien.

Basses-terres du Saint-Laurent.

Basses-terres de la baie d'Hudson.

4 La région du Bouclier canadien se caractérise par la présence de nombreuses et puissantes rivières. D'après toi, quel type de production d'énergie nécessite ce genre de cours d'eau ?

....

5 a) À l'aide des points cardinaux, situe la région des Appalaches par rapport au fleuve Saint-Laurent.

....

b) Donne deux éléments du relief qui dominent le paysage des Appalaches.

....

LE BASSIN HYDROGRAPHIQUE

Un bassin hydrographique est un territoire sur lequel tous les cours d'eau coulent vers la même grande étendue d'eau. Au Québec, il y a deux bassins hydrographiques. Le bassin de l'Atlantique est parcouru par de nombreux **affluents** qui se déversent dans le fleuve Saint-Laurent. Le fleuve coule à son tour vers l'océan Atlantique. Quant au bassin de la baie d'Hudson, il comporte des rivières à fort **débit**. Elles se jettent dans les baies James, d'Hudson et d'Ungava.

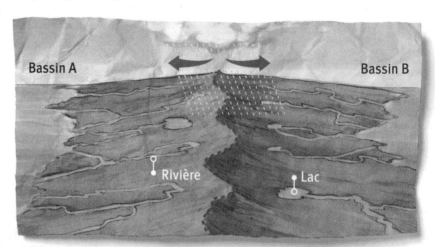

Affluent :
cours d'eau qui se jette dans un autre.

Débit :
quantité d'eau qui s'écoule durant un temps donné en un point précis d'un cours d'eau.

Savais-tu ?

Le fleuve Saint-Laurent n'a pas toujours porté ce nom. À l'époque de l'explorateur Jacques Cartier, au 16e siècle, on le nommait fleuve de Hochelaga. Bien avant cela, les Iroquoiens l'appelaient *Magtogoek*, « le chemin qui marche ».

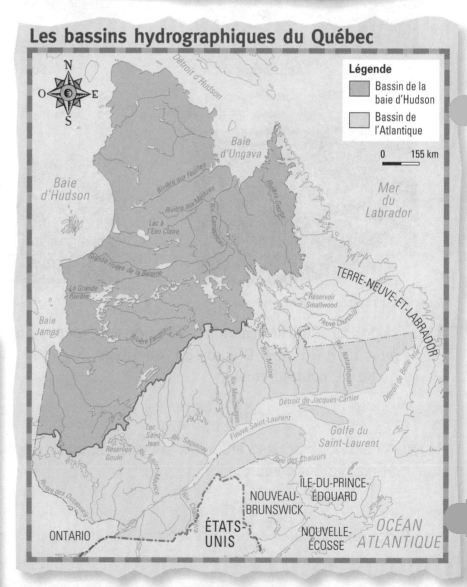

Les bassins hydrographiques du Québec

1 a) Observe bien ce dessin d'un réseau hydrographique.

b) Nomme les cours d'eau et les étendues d'eau.

❶ .... **❷** .... **❸** .... **❹** ....

c) Sur le dessin, indique par des flèches la direction empruntée par les cours d'eau.

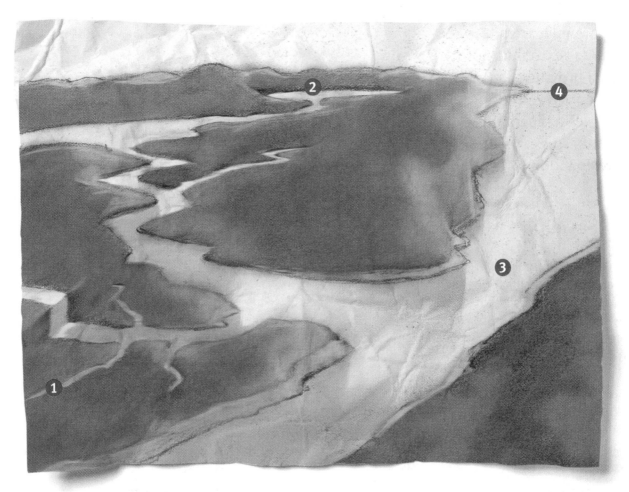

2 Sur la carte de la page précédente :

a) Repère le bassin de l'Atlantique et nomme deux affluents du fleuve Saint-Laurent.

....

....

b) Repère et nomme deux rivières du bassin de la baie d'Hudson.

....

....

c) Repère l'endroit où tu habites. Dans quel bassin hydrographique se retrouve cet endroit ?

Bassin de la baie d'Hudson. ☐   Bassin de l'Atlantique. ☐

LE CLIMAT

Sur son seul territoire, le Québec possède quatre types de climat. C'est parce que plus de 1500 kilomètres séparent l'extrémité sud de l'extrémité nord de la province. Plus on se déplace vers le nord, plus les températures sont basses et plus les précipitations sont faibles.

Savais-tu ?

L'île de Montréal bénéficie de conditions climatiques très clémentes avec un grand nombre de jours continus sans gel, près de 160 par année. L'enneigement y est faible par rapport aux autres régions de climat continental humide.

Les climats du Québec

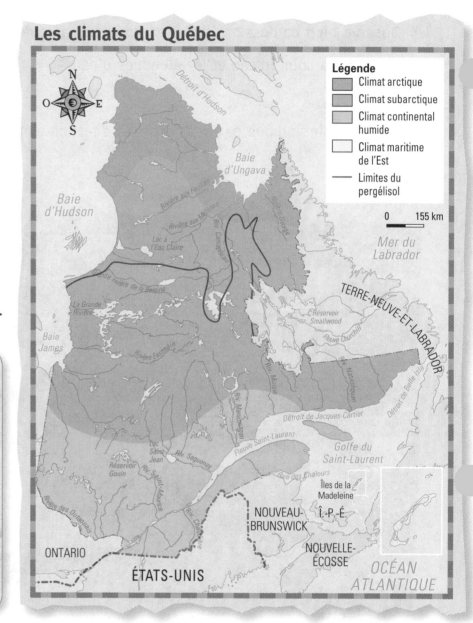

Légende
- Climat arctique
- Climat subarctique
- Climat continental humide
- Climat maritime de l'Est
- Limites du pergélisol

0   155 km

Arctique	Subarctique	Continental humide	Maritime de l'Est
• Hiver très froid et très long (six à huit mois). • Été frais et très court. • Précipitations faibles, plus abondantes en été qu'en hiver.	• Hiver très froid et long (cinq à huit mois). • Été frais et court. • Précipitations modérées, plus abondantes en été qu'en hiver.	• Hiver froid et plutôt long (quatre à six mois). • Été chaud, humide et plutôt court. • Précipitations régulières et abondantes durant les quatre saisons.	• Hiver froid et plutôt long (quatre à six mois). • Été chaud, humide et plutôt court. • Températures moyennes plus fraîches que sous le climat continental humide. • Précipitations régulières et abondantes durant les quatre saisons.

1 À l'aide de la carte de la page précédente et de tes connaissances, remplis le tableau suivant.

TYPE DE CLIMAT	TEMPÉRATURES		PRÉCIPITATIONS
	Été	**Hiver**	
Maritime de l'Est			
Continental humide			
Subarctique			
Arctique			

2 Sur la carte ci-contre, dessine un point noir à l'endroit où tu habites.

À quel type de climat ta région est-elle associée? Coche ta réponse.

a) Climat arctique. ☐

b) Climat subarctique. ☐

c) Climat continental humide. ☐

d) Climat maritime de l'Est. ☐

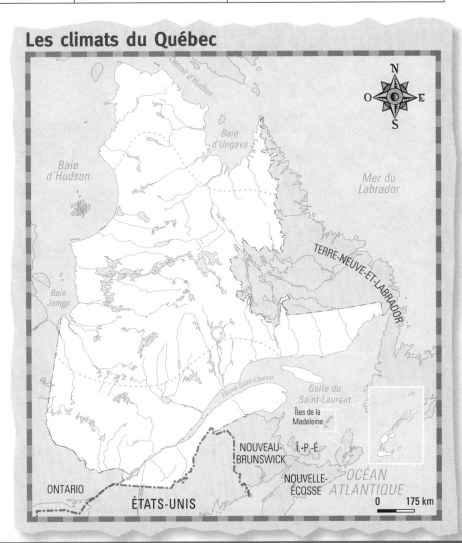

Les climats du Québec

Nom : .... Date : ....

LA VÉGÉTATION ET LA FAUNE

Le climat influence la végétation et la faune. Si l'on parcourt le Québec du sud au nord, les températures deviennent de plus en plus rigoureuses et les sols de plus en plus pauvres. Le Québec compte quatre types de forêt.

La végétation du Québec

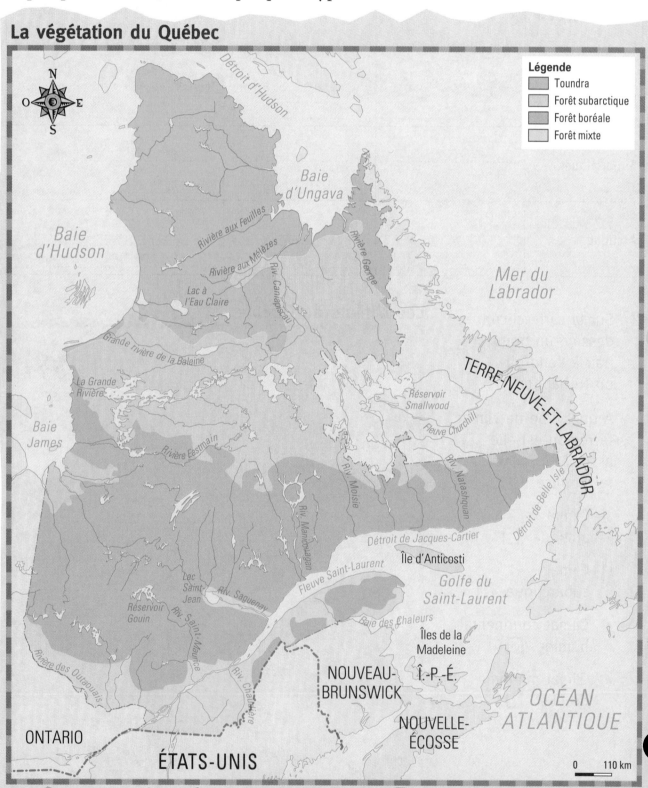

Légende
- Toundra
- Forêt subarctique
- Forêt boréale
- Forêt mixte

N O E S

Détroit d'Hudson

Baie d'Ungava

Baie d'Hudson

Rivière aux Feuilles

Rivière aux Mélèzes

Riv. Caniapiscau

Rivière George

Lac à l'Eau Claire

Mer du Labrador

Grande rivière de la Baleine

La Grande Rivière

Réservoir Smallwood

TERRE-NEUVE-ET-LABRADOR

Fleuve Churchill

Baie James

Rivière Eastmain

Riv. Natashquan

Détroit de Belle Isle

Riv. Moisie

Riv. Manicouagan

Détroit de Jacques-Cartier

Île d'Anticosti

Lac Saint-Jean

Riv. Saguenay

Fleuve Saint-Laurent

Golfe du Saint-Laurent

Réservoir Gouin

Riv. Saint-Maurice

Baie des Chaleurs

Îles de la Madeleine

Rivière des Outaouais

Riv. Châteauré

NOUVEAU-BRUNSWICK

Î.-P.-É.

OCÉAN ATLANTIQUE

ONTARIO

NOUVELLE-ÉCOSSE

ÉTATS-UNIS

0   110 km

Toundra

La végétation est formée de mousses, de lichens et d'arbustes. Les vents, le sol pauvre et gelé ainsi que les faibles précipitations expliquent ce type de végétation.

Faune : Loup, caribou, bœuf musqué, lemming, harfang des neiges, grande oie blanche.

Forêt subarctique

Cette forêt se compose de petits conifères espacés et tout rabougris. La pauvreté du sol, le gel prolongé et les faibles pluies ne facilitent pas la croissance des arbres.

Faune : Ours, martre, loup, caribou, lièvre, aigle, lagopède des saules, sterne arctique.

Forêt boréale

Le sol pauvre ainsi que le climat froid et humide conviennent aux grands conifères tels le sapin baumier, l'épinette et le pin gris. On y trouve aussi du bouleau.

Faune : Lynx, loup, ours, martre, orignal, castor, lièvre, huard, canard noir, grand pic.

Forêt mixte

Cette forêt regroupe à la fois des conifères et des feuillus. Le bouleau, le merisier et l'érable à sucre sont les essences

à feuilles **caduques** les plus courantes. On y trouve d'autres feuillus, comme le hêtre et le chêne ainsi que des conifères comme le sapin, la pruche et le pin. Les étés assez chauds et humides ainsi qu'un sol fertile favorisent le développement de ces arbres.

Faune : Renard roux, cerf de Virginie, mouffette rayée, raton laveur, orignal, loup, martre, lièvre, écureuil, gélinotte huppée, huard, bernache, grand héron, geai bleu.

Caduque : feuille qui tombe et qui se renouvelle chaque année.

1 Observe bien les cartes des pages 20 et 22. Relie par un trait le type de végétation au climat approprié.

| Climat continental humide | Climat arctique | Climat subarctique |

La Nouvelle-France vers 1645

1000
Les Vikings atteignent le Labrador et Terre-Neuve

900 1000 1100 1200 1300

PROJET
Un journal ancien

Imagine ce qu'un colon français du 17e siècle pourrait écrire dans un journal personnel. Rédige une page de ce journal.

Choisis un thème sur lequel tu peux écrire ton texte. Voici quelques suggestions :

➤ la traversée de l'Atlantique ;

➤ ton arrivée en Nouvelle-France ;

➤ l'endroit où tu habites ;

➤ ce que tu exerces comme métier.

Ton texte peut être accompagné d'illustrations. Une fois ta page de journal terminée, présente-la à tes camarades de classe.

1492
Christophe Colomb débarque en Amérique

1534
Jacques Cartier débarque à Gaspé

1608
Samuel de Champlain fonde Québec

1400   1500   1600   1700

Thème 1

Les explorateurs

Qui sont les premiers Européens à avoir foulé le sol du Canada ?

PRÉPARATION **1** Tu décides d'organiser un voyage d'exploration pour tes prochaines vacances d'été.

a) Quelle région, quel pays veux-tu explorer ?

....

b) Quel moyen de transport utiliseras-tu ?

....

c) Quelles sont les qualités pour devenir exploratrice ou explorateur ? Nommes-en deux.

1) ....

2) ....

d) Parmi les qualités nécessaires pour devenir explorateur ou exploratrice, lesquelles possèdes-tu ?

....

....

....

....

Savais-tu ?

Christophe Colomb est un navigateur italien. Lors de son premier voyage, il dirige une expédition comprenant trois navires : la *Santa Maria*, la *Pinta* et la *Niña*. Lui et ses hommes atteignent l'île d'Hispaniola en octobre 1492. Aujourd'hui sur cette île se trouvent Haïti et la République dominicaine.

Une réplique de la *Santa Maria*, un des navires de l'expédition de Colomb en Amérique.

950	1000	1050	1100	1150	1200	1250

980 —
Erik le Rouge atteint
le Groenland.

1000
Leif Eriksson découvre
l'Amérique.

REALISATION

Les premiers Européens

Les Vikings auraient été les premiers à découvrir l'Amérique. Vers l'an 980, Erik le Rouge quitte l'Islande pour se diriger vers l'ouest, à la recherche de nouvelles terres. Vers l'an 1000, il atteint le Groenland, un nom qui signifie «pays vert». Son fils, Leif Eriksson, explore les côtes du Labrador et de Terre-Neuve.

Des vestiges d'habitations vikings à l'Anse-aux-Meadows, à Terre-Neuve.

Vers le 15e siècle, des sciences comme l'astronomie et la cartographie font des progrès importants. Les Portugais mettent au point un nouveau type de navire : la caravelle. Ce voilier est rapide et bien adapté aux eaux agitées des océans. Ces découvertes permettent aux rois et aux marchands européens d'organiser des explorations afin de trouver une route maritime vers l'Asie, et de se procurer de l'or et des épices.

Les grandes expéditions

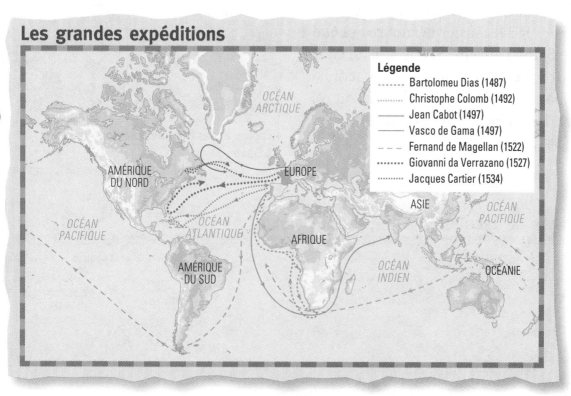

Légende
.... Bartolomeu Dias (1487)
.... Christophe Colomb (1492)
—— Jean Cabot (1497)
—— Vasco de Gama (1497)
— — Fernand de Magellan (1522)
•••••• Giovanni da Verrazano (1527)
.... Jacques Cartier (1534)

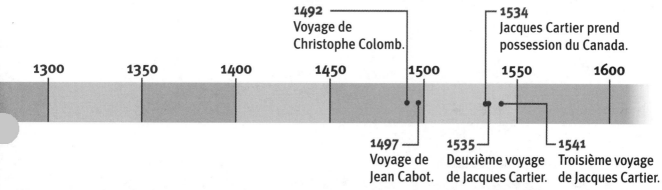

1492
Voyage de
Christophe Colomb.

1534
Jacques Cartier prend
possession du Canada.

1300 1350 1400 1450 1500 1550 1600

1497
Voyage de
Jean Cabot.

1535
Deuxième voyage
de Jacques Cartier.

1541
Troisième voyage
de Jacques Cartier.

Estuaire : endroit où le fleuve s'élargit avant de se jeter dans l'océan.

Jean Cabot (vers 1450-1499)

L'Italien Giovanni Caboto est mieux connu sous son nom français, Jean Cabot. Avec l'autorisation du roi d'Angleterre, il part vers l'ouest à la découverte d'une route maritime menant à l'Asie. En 1497, Cabot longe la côte du Labrador. On croit qu'il aurait posé le pied à Terre-Neuve. Plusieurs le considèrent à tort comme le premier découvreur du Canada.

Jacques Cartier (1491-1557)

À la recherche d'un passage vers l'Asie, ce navigateur français fait trois expéditions au Canada. Lors de son premier voyage, en 1534, Cartier découvre l'estuaire du fleuve Saint-Laurent. Sur le site de Gaspé, il rencontre le chef iroquoien Donnacona et prend possession des terres au nom du roi de France. Il reviendra l'année suivante, puis en 1541.

Cartier et ses hommes plantent une croix à Gaspé.

Les voyages de Jacques Cartier, au 16e siècle

Légende
.... 1er voyage (1534)
.... 2e et 3e voyages (1535-1541)

N
O   E
S

Fleuve Saint-Laurent

Hochelaga

Stadaconé

Baie des Chaleurs

Honguedo (Gaspé)

Golfe du Saint-Laurent

TERRE-NEUVE

OCÉAN ATLANTIQUE

0   130 km

2 **a)** Trouve les dates des expéditions ci-dessous et inscris-les à l'endroit approprié.

b) Replace les expéditions selon l'ordre chronologique en utilisant les numéros 1 à 5.

Cartier découvre le Canada	Eriksson découvre l'Amérique	2ᵉ voyage de Cartier	Voyage de Cabot	3ᵉ voyage de Cartier
Année	Année	Année	Année	Année
....	....	....	....	....
⃝	⃝	⃝	⃝	⃝

3 Par un trait, montre quel texte décrit le premier voyage de Jacques Cartier au Canada et quel texte décrit son deuxième voyage.

a) Cartier et ses hommes naviguent sur une immense étendue d'eau. Après quelque temps, le **cours d'eau rétrécit** et **on peut apercevoir les côtes de part et d'autre du navire**.

⟶ **Premier voyage**

b) Cartier et ses hommes naviguent sur une immense étendue d'eau. Ils voient l'**embouchure d'une grande rivière**, mais **décident de ne pas y entrer**.

⟶ **Deuxième voyage**

INTÉGRATION

4 Remplis le tableau suivant.

Explorateurs	Année(s) d'expédition	Siècle	But du voyage
Érik le Rouge	....	....	....
Jean Cabot	....	....	....
Jacques Cartier (ses trois voyages)	....	....	....

Le territoire, les ressources naturelles et les origines

**Qui sont les premiers colons de la Nouvelle-France ?
Où s'installent-ils ?**

PRÉPARATION **1** Parfois, les membres d'une famille habitent une même ville, parfois, ils sont dispersés dans un pays, voire dans le monde.

a) À l'aide de points de couleur, situe les membres de ta famille sur ce **planisphère**.

b) Explique pourquoi ils ont choisi de s'installer là.

....

....

Planisphère :
carte qui représente les deux hémisphères de la Terre.

> Encore aujourd'hui, la population canadienne provient de divers pays dans le monde.

page 8

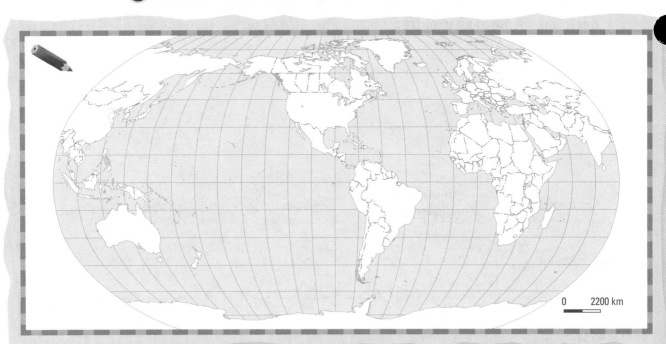

0   2200 km

2 Trouve les noms des six continents sur un globe terrestre. Aide-toi des lettres qui te sont données.

A .... i q u .... f r i ....   E .... p e

O c .... i e   A ...... t a .... t i q u e   ...... s ...... e

 RÉALISATION

S'embarquer pour la Nouvelle-France

Après les explorations de Jacques Cartier, les Français ne se précipitent pas en Nouvelle-France. La rigueur de l'hiver et les dangers de la traversée de l'Atlantique rendent la colonie peu attrayante. Cependant, la France de l'époque est affamée et surpeuplée. Aussi, certains individus tentent l'aventure pour améliorer leurs conditions de vie.

Colonie : territoire gouverné par un pays étranger.

Immigrant : personne qui s'établit dans un nouveau pays ou une nouvelle colonie.

L'origine des colons de la Nouvelle-France

Savais-tu ?

La culture française est le principal héritage que nous ont légué les ancêtres français. Le français du Québec a conservé des accents du 17e siècle. Des mots ont été empruntés à d'autres langues et de nouveaux ont été créés.

La majorité des immigrants viennent du nord et de l'ouest de la France. Ils habitent les régions proches des ports d'embarquement, comme Saint-Malo et La Rochelle, ou certaines grandes villes, comme Paris et Rouen.

La traversée est une rude épreuve. Elle dure environ deux mois. Les passagers sont entassés les uns sur les autres. Au bout d'un moment, l'eau potable se fait rare. Les maladies et les poux sont fréquents.

Un immense territoire à conquérir

Vers 1645, le territoire de la Nouvelle-France s'étend de l'île de Terre-Neuve à l'est jusqu'aux Grands Lacs à l'ouest. Bordée au sud par des colonies anglaises et au nord par les hautes terres du Bouclier canadien, cette colonie française d'Amérique est immense. Riche en forêts et en gibier de toutes sortes, la Nouvelle-France est principalement peuplée d'Amérindiens.

La population française en Nouvelle-France au 17e siècle

Héron

1627 : 107 habitants.

1654 : 300 habitants.

1658 : 1700 habitants.

Portrait physique de la Nouvelle-France vers 1645	
Régions physiographiques	Basses-terres du Saint-Laurent. Appalaches. Bouclier canadien.
Forêts	Forêt mixte. Forêt boréale. Esturgeon
Faune	Mammifères : ours, cerf, orignal, lièvre, castor, rat musqué, baleine, etc. Oiseaux : dindon sauvage, tourte, canard, héron, etc. Poissons : esturgeon, brochet, truite, saumon, morue, etc.
Hydrographie	Grands Lacs. Fleuve Saint-Laurent. Rivières : des Outaouais, Richelieu, Saint-Maurice, Saguenay. Golfe du Saint-Laurent. Océan Atlantique.
Climat	Hiver long ; été court, chaud et humide. Température moyenne en janvier à Québec : –17 °C. Température moyenne en juillet à Québec : 25 °C.

Dindon sauvage

La Nouvelle-France vers 1645

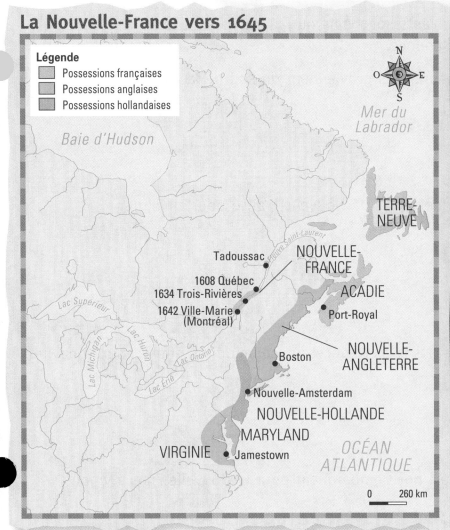

Légende
- Possessions françaises
- Possessions anglaises
- Possessions hollandaises

Baie d'Hudson

Mer du Labrador

Lac Supérieur

Lac Michigan

Lac Huron

Lac Ontario

Lac Érié

Fleuve Saint-Laurent

Tadoussac

NOUVELLE-FRANCE

1608 Québec
1634 Trois-Rivières
1642 Ville-Marie (Montréal)

ACADIE

Port-Royal

Boston

NOUVELLE-ANGLETERRE

Nouvelle-Amsterdam

NOUVELLE-HOLLANDE

MARYLAND

VIRGINIE • Jamestown

TERRE-NEUVE

OCÉAN ATLANTIQUE

0   260 km

Engagé : homme qui s'engage à travailler pendant trois ans en Nouvelle-France. En échange, il obtient un toit, de la nourriture et un petit salaire.

En général, le colon venu de France est un jeune homme pauvre, célibataire et peu instruit. La plupart du temps, c'est un engagé. Il a signé un contrat pour travailler dans la colonie pendant trois ans en échange de ses frais de voyage, de sa nourriture, de son logement et d'un maigre salaire. À la fin de son contrat, s'il décide de retourner en France, le coût de son retour lui sera payé.

Les nouveaux colons s'installent principalement sur la rive nord du fleuve Saint-Laurent, autour de Québec, de Trois-Rivières et de Ville-Marie (Montréal). C'est la zone la plus fertile et la plus accessible par voie d'eau. Les Amérindiens y sont peu nombreux, mais viennent y faire du troc avec les Français.

La population est concentrée dans la région de Québec, premier établissement permanent de la Nouvelle-France. Deux colons sur trois y habitent.

Savais-tu ?

Encore aujourd'hui, la majorité des villes et des villages québécois se concentre le long du fleuve Saint-Laurent.

Le village de Saint-Siméon, dans Charlevoix.

3 Indique si les énoncés suivants sont vrais ou faux. S'ils sont faux, corrige-les en modifiant l'énoncé.

a) La majorité des colons français proviennent du sud de la France.

Faux ☐   Vrai ☐

....

....

b) Des Français s'embarquent pour la Nouvelle-France pour améliorer leurs conditions de vie.

Faux ☐   Vrai ☐

....

....

c) La traversée s'effectue assez bien grâce aux commodités offertes sur le navire.

Faux ☐   Vrai ☐

....

....

d) La majorité des Français qui s'embarquent pour la Nouvelle-France y vont avec leur famille.

Faux ☐   Vrai ☐

....

....

4 Crée un graphique (histogramme) représentant l'évolution de la population en Nouvelle-France. Remplis le tableau et reporte ensuite les données sur le graphique ci-contre.

Année	Nombre d'habitants
1627	....
1654	....
1658	....

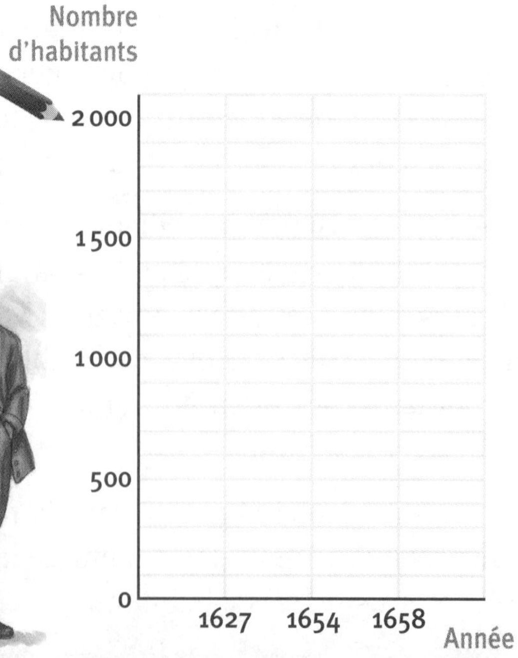

Nombre d'habitants

2 000

1 500

1 000

500

0

1627   1654   1658

Année

Nom : .... Date : ....

5 **a)** Dresse une liste de bonnes raisons pour convaincre des Françaises et des Français du 17ᵉ siècle de s'installer en Amérique.

....

....

....

....

b) Suggère aux colons un lieu d'établissement et justifie ta proposition.

....

....

....

....

L'arrivée d'immigrants en Nouvelle-France.

Thème 3 — L'aménagement du territoire

À quoi ressemble une ville de Nouvelle-France vers 1645 ?

1 **a)** Nomme la ville ou le village où tu habites.

....

b) Donne deux traits distinctifs de ta ville ou de ton village
(par exemple la population, la situation géographique,
un cours d'eau à proximité).

1) ....

2) ....

Portrait d'une ville

Les premières « villes » sont de simples postes de traite entourés d'une palissade de pieux, situés près du fleuve Saint-Laurent, sur un site facile à défendre. On y retrouve des maisons, un magasin, une chapelle, un moulin et quelques canons. Les rives du fleuve au 17ᵉ siècle sont recouvertes de forêts. Les colons doivent d'abord défricher et en particulier enlever les souches à l'aide de haches et de pioches. Ils construisent ensuite leur maison et aménagent leur champ. En cas d'attaques iroquoises, ils se réfugient dans le poste de traite voisin.

Poste de traite :
établissement où les
Européens et les Amérindiens
se rencontrent pour échanger
des biens, conclure des
ententes et tisser des liens.

Magasin : entrepôt de
marchandises destinées
à être conservées,
distribuées ou vendues.

Bastion : partie avancée
d'une fortification.

Ville-Marie vers 1645

La maison à colombages

Planches chevauchées

Cheminée

Grenier

Volet

Torchis

Plancher de planches

Colombage

Colombage : assemblage de poutres.

Torchis : mélange d'argile et de paille hachée.

Durant la construction de sa maison, le colon français loge dans une tente ou dans un abri de bois. Avant la venue de l'hiver, il aménage une petite maison d'environ cinq mètres sur six. Faite de colombages recouverts de torchis, cette habitation ne possède qu'une seule pièce munie d'un grenier sous le toit. Les fenêtres sont garnies de volets et de papier huilé, car la vitre est rare et coûteuse. Au centre, une cheminée de pierre ou de terre occupe la pièce qui sert à la fois de chambre et de cuisine. Le foyer tient une place importante dans la vie quotidienne comme moyen de chauffage et de cuisson et comme source d'éclairage. Le mobilier des colons est rudimentaire : des chaises droites, une table, un lit et un coffre pour le rangement. Les accessoires de cuisine sont en fer ou en cuivre. Les familles plus aisées ont parfois un miroir, des chandeliers et une lampe à l'huile.

Savais-tu ?

Le colon dort dans une « cabane », c'est-à-dire dans un lit entouré d'une grande boîte en bois fermée par une porte ou un rideau.

Tu commences maintenant à imaginer combien la vie à la ville
vers 1645 était très différente de celle d'aujourd'hui!

2 Sur cette illustration représentant Ville-Marie vers 1645,
indique les différents éléments qui composent la ville.

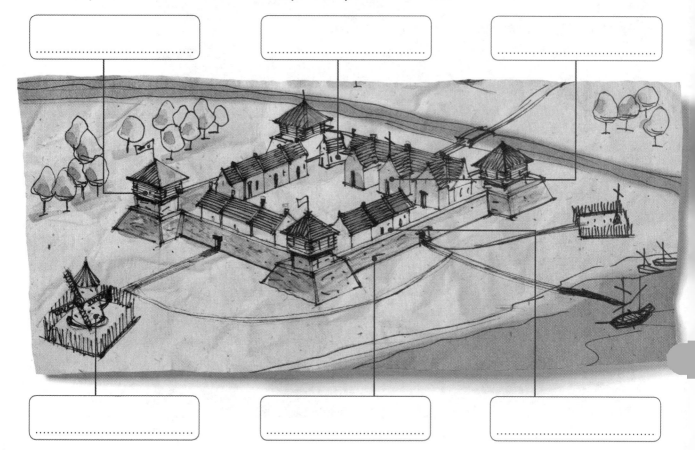

3 Sur le plan suivant, indique les différents meubles et éléments
que comporte une maison de colon vers 1645.

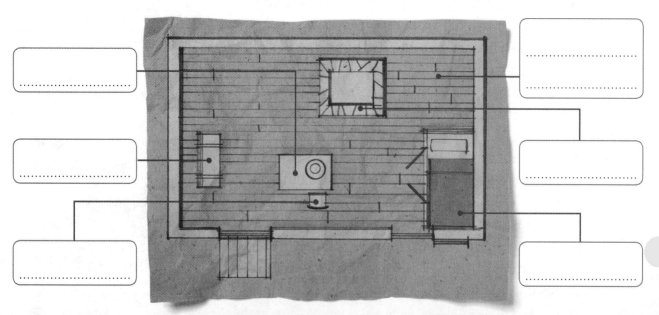

S'installer le long du fleuve

Le premier poste français de la vallée du Saint-Laurent est celui de Tadoussac, fondé en 1600. Après un premier hiver très difficile, les cinq colons survivants décident de retourner en France. Tadoussac devient alors un simple comptoir destiné au commerce des fourrures. Il n'est plus habité de façon permanente.

Le fleuve Saint-Laurent est au cœur de l'aménagement du territoire prévu par les Français.

Fondation de Québec, 1608

Voici le site du premier établissement français permanent en Amérique du Nord. Les Algonquiens l'appellent Kébec, c'est-à-dire «là où la rivière se rétrécit».

Samuel de Champlain connaît bien l'endroit. Lors de ses voyages précédents, il y avait constaté la fertilité des sols. Cette fois, il est embauché par un marchand afin d'établir un poste pour la traite des fourrures en Nouvelle-France. Champlain entend entretenir les bons rapports qu'il a déjà avec les Hurons, les Innus et les Algonquins. Il juge le lieu facile à défendre, grâce au **cap** Diamant et à l'étroitesse du fleuve. À l'été 1608, accompagné d'une trentaine d'hommes de tous les métiers, il débarque avec les outils nécessaires pour défricher et pour construire une fortification appelée l'*Abitation* de Québec.

L'*Abitation* de Québec.

Le site de Québec au début du 17ᵉ siècle

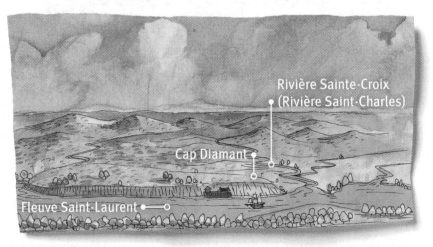

Rivière Sainte-Croix (Rivière Saint-Charles)

Cap Diamant

Fleuve Saint-Laurent

Cap : pointe de terre qui s'avance dans le fleuve ou dans la mer.

Scorbut : maladie provoquée par un manque de vitamine C.

Dysenterie : maladie grave qui touche les intestins et donne la diarrhée.

Colombier : bâtiment en forme de tour où l'on élève des pigeons.

Cadran solaire : cadran où l'heure est marquée par l'ombre d'une tige de métal.

Forge : atelier où les artisans travaillent le métal au feu et au marteau.

L'« Abitation de Quebecq », comme l'écrit Champlain, est un grand poste de traite en bois de deux étages. Il sert à la fois de fort, de maison et de magasin. À l'extérieur de la palissade, pour vérifier la qualité du sol, les colons prennent soin de planter de la vigne, et de semer du blé et des légumes.

Les débuts sont difficiles. Le premier hiver est catastrophique. Plus de la moitié des colons meurent du **scorbut** ou de la **dysenterie**, des maladies causées par le manque de nourriture saine et le froid intense. À la demande de Champlain, des marchands français acceptent de fournir des navires, des outils, des armes et des provisions. Malgré tous ces efforts, Québec se développe lentement. Les colons préfèrent s'adonner au commerce des fourrures plutôt qu'à l'agriculture. Ils dépendent donc du ravitaillement des navires français pour survivre.

A Magasin

B Colombier

C Logis abritant les armes et les ouvriers

D Logis pour les ouvriers

E Cadran solaire

F Logis abritant la forge et les artisans

G Galeries autour des logements

H Logis de Champlain

I Porte de l'habitation et pont-levis

L Promenoir autour de l'habitation

M Fossés autour de l'habitation

N Plates-formes pour les canons

O Jardin

P Cuisine

Q Place devant l'habitation près du fleuve

R Fleuve Saint-Laurent

L'*Abitation* de Québec dessinée par Champlain

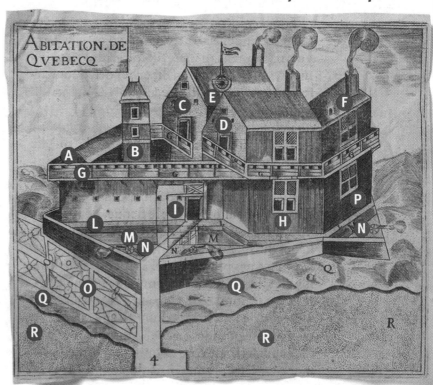

4 Complète les phrases suivantes à l'aide de la banque de mots.

- fourrures
- moitié
- fort
- fertile
- magasin
- nourriture
- agriculture
- facile
- rivière
- Diamant
- algonquienne
- fleuve
- *Abitation*
- commerce
- hiver
- froid

a) Le mot « Québec » est d'origine .... et il signifie :

« là où la .... se rétrécit ».

b) Champlain a choisi cet emplacement parce que le sol y est ....

et parce que le lieu est .... à défendre grâce au cap

.... et à l'étroitesse du ....

c) L' .... est un poste de traite qui est à la fois un ....,

une maison et un ....

d) Le manque de .... saine et le .... occasionnent

la mort de plus de la .... des colons pendant le premier

....

e) Les colons qui s'installent à Québec préfèrent s'adonner au ....

des .... plutôt qu'à l' ....

5 D'après toi, pourquoi le fleuve est-il si important dans la vie des colons
de la Nouvelle-France au 17e siècle?

....

....

6 Complète la fiche suivante sur la ville de Québec.

Les premières années de l'*Abitation* de Québec	
Nom du fondateur	
Année de fondation	
Activité commerciale	
Ennemis	

Fondation de Trois-Rivières, 1634

La fondation de Trois-Rivières en 1634.

En 1633, des Innus (Montagnais) accompagnés de leur chef, Capitanal, demandent à Champlain d'implanter une nouvelle habitation aux « trois rivières » pour faciliter le commerce des fourrures. Les Français et les Amérindiens y font déjà du troc depuis plusieurs années. Champlain accepte. Il confie la fondation du nouveau poste de traite à Laviolette. C'est un employé de la compagnie qui contrôle le commerce des fourrures en Nouvelle-France. Le 1er juillet 1634, Laviolette quitte Québec avec quelques soldats, artisans et missionnaires, et emporte le matériel nécessaire à l'établissement. Fortifiée par une palissade, l'habitation de Trois-Rivières compte deux logis, un magasin et une plate-forme pour les canons. Située au sommet d'un coteau de sable, elle domine le fleuve. Le premier hiver rappelle celui de Champlain à Québec. De plus, les colons sont constamment menacés par les Iroquois. L'activité commerciale est importante à Trois-Rivières. Comme le travail dans un poste de traite demande peu de personnel, l'établissement se peuple très lentement. Vers 1645, à peine 150 personnes y vivent.

Savais-tu ?

À la fin du 16e siècle, les explorateurs désignent comme « les trois rivières » le lieu de la future habitation. En effet, la rivière Saint-Maurice se divise en trois branches avant de se jeter dans le fleuve.

Le site de Trois-Rivières au 17e siècle

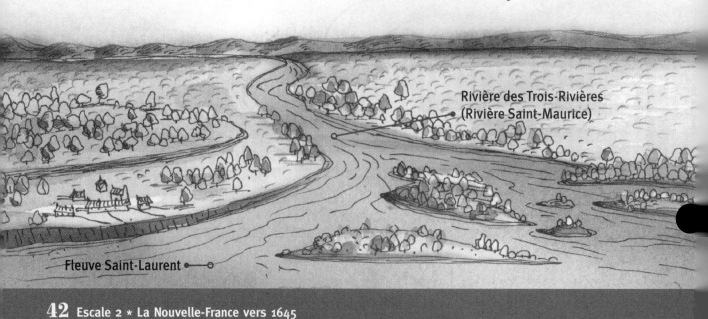

Rivière des Trois-Rivières
(Rivière Saint-Maurice)

Fleuve Saint-Laurent

Nom : .... Date : ....

7 Complète la fiche suivante sur la ville de Trois-Rivières.

Les premières années de l'habitation de Trois-Rivières	
Nom du fondateur	
Année de fondation	
Emplacement de l'habitation	
Activité commerciale	
Ennemis	

8 Trouve trois ressemblances entre les habitations de Québec et de Trois-Rivières.

1) ....

2) ....

3) ....

9 **a)** Le poste de traite de Trois-Rivières est situé près de deux cours d'eau. Lesquels ? Coche ta réponse.

Rivière des Outaouais et fleuve Saint-Laurent. ☐

Rivière Saguenay et fleuve Saint-Laurent. ☐

Rivière Saint-Maurice et fleuve Saint-Laurent. ☐

Rivière Saint-Charles et fleuve Saint-Laurent. ☐

b) Donne une raison pour laquelle les Innus ont proposé cet endroit à Champlain.

....

....

Fondation de Ville-Marie, 1642

Convertir : amener une personne à changer ses croyances religieuses.

Le projet des fondateurs de Ville-Marie est bien différent des projets de Québec et de Trois-Rivières. En France, les récits des premiers missionnaires sont alors très populaires. Des gens fortunés décident d'aider les missions de Nouvelle-France en créant la Société Notre-Dame de Montréal. Leur but : fonder un établissement missionnaire afin de convertir les Amérindiens à la religion catholique.

Ville-Marie vers 1645

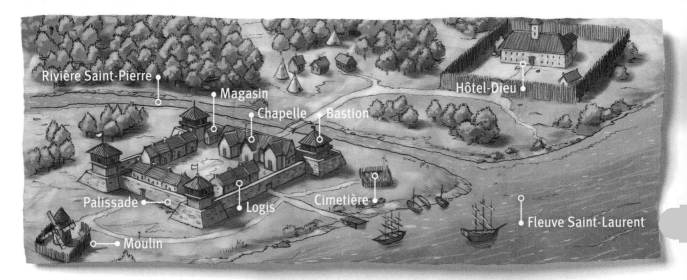

Rivière Saint-Pierre — Magasin — Chapelle — Bastion — Hôtel-Dieu — Palissade — Logis — Cimetière — Fleuve Saint-Laurent — Moulin

Savais-tu ?

Le musée d'archéologie et d'histoire Pointe-à-Callière est situé sur l'emplacement du premier fort de Ville-Marie.

La société confie la direction de ce projet au jeune militaire Paul de Chomedey de Maisonneuve, reconnu pour son esprit d'initiative et son attachement à la religion. Accompagné de Jeanne Mance, une infirmière, il s'embarque pour la Nouvelle-France avec une cinquantaine de colons.

Les nouveaux arrivants passent l'hiver à Québec. Conscients de l'éloignement de l'île et de la menace iroquoise, les habitants de Québec tentent de les convaincre d'abandonner leur projet. Maisonneuve répond qu'il fondera sa colonie « même si tous les arbres de l'île devaient se changer en autant d'Iroquois ». Les Iroquois sont les ennemis des Français depuis que Champlain a aidé les Algonquins et les Hurons à attaquer des villages iroquois.

Au printemps 1642, de Maisonneuve aborde une île couverte de forêt, située au **confluent** de la rivière Saint-Pierre et du fleuve. L'établissement reçoit le nom de Ville-Marie.

Les nouveaux arrivants élèvent une palissade. Ils creusent aussi un fossé pour se protéger des Iroquois, dont les attaques sont nombreuses et redoutables. On construit des logis, un magasin, un hôpital et une chapelle. On prépare les champs. La ville se développe peu à peu au nord de la rivière Saint-Pierre.

La situation géographique de Ville-Marie en fait un lieu de commerce avantageux. Depuis longtemps déjà, le poste est le rendez-vous de groupes amérindiens qui viennent y échanger leurs fourrures contre des produits européens. C'est aussi un endroit où les **coureurs des bois** peuvent s'approvisionner avant de partir en expédition.

Savais-tu ?

L'Hôtel-Dieu de Montréal a été fondé en 1642 par Jeanne Mance pour le soin des colons et de leurs alliés amérindiens. L'hôpital est aujourd'hui situé au pied du mont Royal.

Confluent : endroit où deux cours d'eau se rencontrent.

Coureur des bois : Français qui va à la rencontre des Amérindiens pour commercer.

10 Complète la fiche suivante sur Ville-Marie.

Les premières années de Ville-Marie	
Nom du fondateur	
Année de fondation	
Emplacement de l'habitation	
Objectif du projet fondateur	
Activité commerciale	
Ennemis	

page 12

11 Les débuts de la Nouvelle-France sont marqués par la création de quatre établissements.

   a) Inscris le nom des habitations et leur date de fondation dans les encadrés.

   b) Relie ces événements à la ligne du temps.

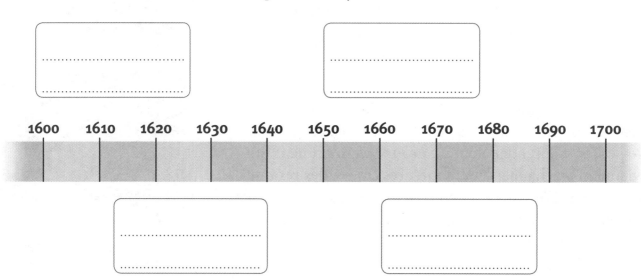

12 Nomme deux difficultés vécues par les colons français au milieu du 17e siècle, lorsqu'ils s'installent en Nouvelle-France. Explique pourquoi en une phrase.

Difficultés	Explications
1)	
2)	

Nom : .... Date : ....

13 Complète la carte ci-après.

a) Inscris le titre de la carte.

b) Par une flèche, pointe la voie navigable qui relie les postes de traite en Nouvelle-France. Inscris son nom à l'endroit approprié dans la légende.

c) Reporte les couleurs correspondant à chaque territoire dans le carré approprié de la légende.

d) Dessine un point noir pour situer les postes de Québec, de Trois-Rivières et de Montréal. Inscris le nom de chaque établissement directement sur la carte.

Titre : ....

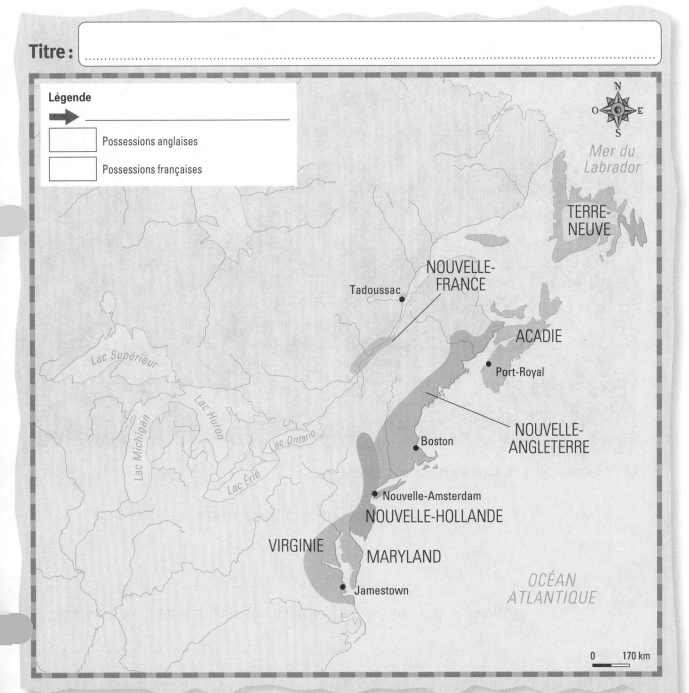

Légende

➡ _____

▢ Possessions anglaises

▢ Possessions françaises

Mer du Labrador

TERRE-NEUVE

NOUVELLE-FRANCE

Tadoussac

ACADIE

Port-Royal

Lac Supérieur

Lac Huron

Lac Michigan

Lac Ontario

NOUVELLE-ANGLETERRE

Boston

Lac Érié

Nouvelle-Amsterdam

NOUVELLE-HOLLANDE

VIRGINIE

MARYLAND

OCÉAN ATLANTIQUE

Jamestown

0   170 km

L'organisation politique et sociale

Thème 4

Comment est dirigée la Nouvelle-France vers 1645 ?
Quels sont les rôles des femmes et des hommes dans la colonie ?

1 **a)** Observe l'illustration suivante.

La vie dans un poste de Nouvelle-France au 17ᵉ siècle.

b) Décris ce que tu vois sur cette illustration.

....

....

c) Nomme trois métiers et professions illustrés dans cette scène.

....

....

L'administration de la colonie

Vers 1645, le roi de France s'intéresse peu à la Nouvelle-France. C'est pourquoi il confie l'administration de sa colonie à des compagnies. La plus importante, la Compagnie des Cent-Associés, est fondée en avril 1627 par le cardinal de Richelieu, un homme d'Église très influent en France.

La Compagnie des Cent-Associés regroupe cent actionnaires français provenant de milieux aisés, comme des seigneurs, des marchands et des religieux. Cette compagnie s'engage auprès du roi à attirer en Nouvelle-France des colons français et catholiques. Elle doit aussi veiller à évangéliser des Amérindiens. En échange, les Cent-Associés obtiennent la propriété des terres de la colonie et le contrôle du commerce des fourrures.

Le cardinal de Richelieu.

Actionnaire : personne qui possède en partie une compagnie.

Évangéliser : enseigner la religion catholique ; convertir à cette religion.

Le trésor de la Nouvelle-France, c'est la fourrure de castor.

Puisque le roi ne s'intéresse pas vraiment à sa colonie, regroupons-nous pour former une compagnie et exploiter cette richesse.

Le roi pourrait nous céder le territoire. Nous serions donc la seule compagnie à faire le commerce des fourrures en Nouvelle-France.

La compagnie choisit un gouverneur qui est nommé par le roi. Le gouverneur dirige la colonie. Il est à la fois administrateur civil, commandant militaire et juge.

En 1645, la Compagnie des Habitants, dirigée par les principaux commerçants de la colonie, remplace la Compagnie des Cent-Associés dans l'administration de la Nouvelle-France.

L'administration de la Nouvelle-France vers 1645.

2 Complète la fiche suivante sur la Compagnie des Cent-Associés.

La Compagnie des Cent-Associés	
Nom du fondateur	....
Date de fondation	....
Obligations de la compagnie	....
Privilèges obtenus par la compagnie	....

Un monde d'hommes

Au début de la colonie, la Nouvelle-France est un monde d'hommes. Peu de familles font la traversée. Les postes de traite sont des comptoirs de commerce où, durant l'été, soldats, marins et engagés se rencontrent.

La plupart des hommes venus de France sont des artisans comme les menuisiers, les cordonniers et les boulangers. Ils travaillent dans le secteur de la construction, du vêtement, de l'alimentation ou de la navigation, par exemple. On les appelle des « gens de métier ». D'autres, moins nombreux, s'établissent sur une terre pour pratiquer l'agriculture. Au 17e siècle, ces colons sont souvent des engagés qui déchargent les bateaux, défrichent les terres et construisent des bâtiments pour une compagnie ou une communauté religieuse.

Des engagés déchargeant un bateau.

Les quelques femmes qui accompagnent leur mari travaillent très fort. Elles aident à défricher et à cultiver la terre. Elles s'occupent de l'éducation des enfants et des travaux ménagers, comme la couture et la préparation des repas. Certaines font aussi fonctionner de petits commerces.

Les nouveaux colons défrichent leur terre.

Les religieuses jouent un rôle très important en Nouvelle-France. Elles font construire des hôpitaux et des écoles pour soigner et instruire les colons et les Amérindiens.

Les religieux viennent pour évangéliser les Amérindiens, mais aussi pour les amener à adopter le mode de vie des Français. Les prêtres surveillent la bonne conduite religieuse des colons et ouvrent des écoles pour les jeunes garçons. Le reste de la colonie est formée de commerçants, de représentants du roi et des gens de la compagnie en place.

Savais-tu ?

Marie Guyart est mieux connue sous le nom de sœur Marie de l'Incarnation. Elle est très impliquée dans le développement de la ville de Québec. Peu après son arrivée, elle dirige la construction d'un bâtiment en pierre pour abriter la communauté des Ursulines, ainsi qu'une école pour jeunes filles françaises et amérindiennes. «La plus grande maison qui soit en Canada!» Lorsque le couvent est détruit par les flammes, Marie Guyart trouve elle-même l'argent pour le faire reconstruire.

• Un **tonnelier** au travail.

Tonnelier : artisan qui fabrique des barils de bois.

Couvent : maison où vivent les membres d'une même communauté religieuse.

Courir les bois

Le coureur des bois est un jeune homme qui a le goût de l'aventure et des voyages. Il désire faire fortune rapidement en échangeant avec les Amérindiens des marchandises, telles que des perles de verre, des miroirs et des haches, contre des peaux d'animaux.

Un coureur des bois.

Selon la loi, le coureur des bois doit se procurer un permis de traite. Avant le départ, il fait des provisions de nourriture : pois, galettes de maïs, lard salé et biscuits. La chasse et la pêche compléteront son menu. Pour pouvoir emporter le plus d'objets de troc possible dans son canot, il voyage chargé du strict minimum. Il porte des vêtements amérindiens, comme les mocassins et les mitasses.

Le coureur des bois a réussi à faire de précieuses alliances avec les Amérindiens et a appris leurs langues. Il est indispensable à l'économie de la colonie.

Mitasse : jambière fabriquée dans des peaux d'animaux.

3 D'après l'illustration et l'information sur Étienne Brûlé, quels sont les indices qui prouvent qu'il a adopté un mode de vie semblable à celui des Hurons ?

....

....

....

....

....

....

Savais-tu ?

Étienne Brûlé est un des premiers coureurs des bois de la Nouvelle-France. À la demande de Champlain, il part à la rencontre des Hurons. Brûlé établit des liens commerciaux avec eux et il apprend leur langue. Il poursuivra ses explorations pendant près de vingt ans.

Étienne Brûlé rencontre Champlain à son retour de la Huronie.

4 Donne trois tâches accomplies par les femmes, et trois tâches accomplies par les hommes en Nouvelle-France au 17e siècle.

Femmes   **Hommes**

1) .... 1) ....

2) .... 2) ....

3) .... 3) ....

INTÉGRATION

5 Si tu immigrais en Nouvelle-France, que choisirais-tu de faire?

a) Devenir commerçant ou commerçante. ☐   **d)** Être un engagé. ☐

b) T'intégrer à une communauté religieuse. ☐   **e)** Courir les bois. ☐

c) Défricher et cultiver la terre. ☐

Pourquoi? ....

....

6 Qui suis-je?

a) Le territoire de la Nouvelle-France m'appartient et j'y contrôle le commerce des fourrures.

— — — — — — — — — —

b) Je suis choisi par les Cent-Associés, mais nommé par le roi.

— — — — — — — — — — —

c) J'ai fondé la compagnie des Cent-Associés.

— — — — — — — — de — — — — — — — — —

Thème 5

Les activités économiques

Quelles sont les activités économiques des colons sur le territoire de la Nouvelle-France vers 1645 ?

PRÉPARATION • 1

a) Observe les photos suivantes.

1

2

3

4 Dépanneur

5

6

b) Selon toi, parmi ces activités, lesquelles étaient déjà pratiquées en Nouvelle-France vers 1645 ? Encercle tes réponses.

c) Nomme une activité économique pratiquée dans ta région.

....

 **RÉALISATION**

La fourrure, l'or de la Nouvelle-France

Le territoire de la Nouvelle-France possède une ressource recherchée par les Français : la fourrure. Au début de la colonie, les Amérindiens s'amènent avec des canots chargés de peaux dans les postes de traite du fleuve Saint-Laurent. C'est la foire des fourrures, un rendez-vous annuel qui a lieu au printemps. La peau de castor est la plus recherchée par les Français. On échange aussi d'autres peaux, comme celles de la loutre, du loup, du renard, du vison et de l'ours.

Le commerce des fourrures à Montréal vers 1645.

Alêne : aiguille servant à percer et à assembler le cuir.

VALEUR DES MARCHANDISES DE TROC EN PEAUX DE CASTOR	
Marchandises de troc en 1665	**Peaux**
Une couverture blanche	🦫🦫🦫🦫🦫🦫
Un grand manteau	🦫🦫🦫
Un fusil	🦫🦫🦫🦫🦫🦫
Deux livres de poudre	🦫
Deux haches	🦫
Huit couteaux	🦫
Vingt-cinq alênes	🦫
Quatre livres de plombs	🦫
Douze fers de flèche	🦫

Des coureurs des bois.

Feutre : tissu fait de poils pressés et collés.

Des expéditions lointaines

À partir des années 1660, des coureurs des bois partent en expédition à travers le pays pour acquérir des fourrures auprès des Amérindiens. Ces derniers ne veulent plus se déplacer vers le fleuve, craignant les attaques iroquoises. Il faut aller vers les régions riches en animaux à fourrure : les Grands Lacs à l'ouest et les forêts du Bouclier canadien au nord. À la fin du siècle, les voyages des coureurs des bois et des missionnaires ont donné naissance à un immense réseau de postes de traite.

Savais-tu ?

Le chapeau de castor est très populaire en Europe au 17e siècle. Il est fabriqué avec du **feutre** de poil de castor. On l'apprécie surtout parce qu'il est imperméable. Cette mode a encouragé le développement du commerce des fourrures en Nouvelle-France.

Transport à l'européenne et à l'amérindienne

Les Français empruntent des objets au mode de vie des Amérindiens pour faciliter leurs déplacements.

Le fleuve Saint-Laurent constitue la voie navigable la plus importante de la colonie. Les voiliers et les barques approvisionnent les postes de traite avec des marchandises européennes. On s'y déplace aussi en canot.

Lors d'un portage ou d'une longue randonnée à pied, les coureurs des bois transportent leurs marchandises à l'aide d'un collier de charge, une méthode empruntée aux Amérindiens.

L'hiver venu, les coureurs des bois utilisent des raquettes et un toboggan pour transporter leurs marchandises sur de longues distances à travers les forêts.

En été, les voyageurs se déplacent en canot sur les lacs et les rivières, qui sont parfois entrecoupés de rapides.

Le bœuf est introduit dans la colonie vers 1630. Les colons peuvent alors utiliser une charrette tirée par un bœuf pour transporter de lourdes charges et faciliter leur travail aux champs.

Lorsque les chutes ou les rapides sont impraticables, les voyageurs doivent porter leur canot et leurs bagages.

2 Encercle les objets recherchés par les Amérindiens dans leurs échanges avec les Français.

3 À partir de l'illustration ci-contre, écris trois éléments que le coureur des bois a empruntés aux Amérindiens.

....

....

....

....

....

4 Souligne les phrases qui sont vraies.

a) Les Français et les Iroquois sont des alliés dans le commerce des fourrures.

b) Les peaux de castor sont les plus recherchées par les Français.

c) Le canot est une embarcation pratique pour les coureurs des bois parce qu'il peut se transporter lorsque les cours d'eau sont impraticables.

d) À partir de 1660, les coureurs des bois doivent se rendre dans la région des Grands Lacs afin de troquer les fourrures contre des objets européens.

Un champ arraché à la forêt

À leur arrivée, les colons français doivent défricher leur terre en abattant les arbres à la hache. Ils retirent ensuite les grosses pierres et retournent le sol à l'aide d'une **houe** ou d'une pioche. La terre est maintenant prête pour les semailles. Comme les Amérindiens le leur ont appris, les colons cultivent le maïs en semant les grains dans de petites buttes de terre.

Houe : lame de métal munie d'un long manche, qui sert à retourner la terre.

Indigène : plante qui pousse naturellement dans une région, autrement dit, qui n'a pas été importée.

Une famille de colons défriche sa terre.

Savais-tu ?

Louis Hébert et Marie Rollet sont les premiers agriculteurs de la Nouvelle-France. Ils arrivent dans la colonie en 1617 avec leurs trois enfants.

Après quelques années, lorsque leur champ est mieux préparé, ils peuvent semer des céréales apportées d'Europe, comme le blé, l'avoine, l'orge et le seigle. Chaque ferme a un potager, où poussent des navets, des carottes, des oignons et des choux. On cultive aussi des légumes **indigènes** tels les haricots et les courges. Les colons bien établis élèvent des bœufs, des porcs, des vaches et de la volaille. Les premiers sont utiles aux travaux agricoles, les autres fournissent la viande, le lait et les œufs.

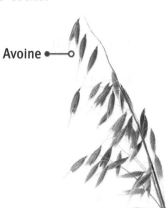

Blé ●—○   Avoine ●—○   Orge ●—○

Chasse et pêche abondantes

Dans les premières années de la Nouvelle-France, les produits de la ferme ne suffisent pas à nourrir les colons. Le gibier complète leur menu quotidien et leur procure des peaux.

Mousquet : arme à feu munie d'un long canon.

Les hommes, armés d'un mousquet, pratiquent la chasse toute l'année. L'hiver est la meilleure saison pour traquer le gros gibier. Les chasseurs retrouvent facilement la piste des cerfs ou des orignaux dans la neige. En été, ils sont rabattus vers un cours d'eau. Le petit gibier, comme le castor, le renard ou le vison, est piégé au collet ou à la trappe, des techniques empruntées aux Amérindiens.

Les colons pêchent pour agrémenter leurs repas. Pour la truite, ils utilisent une canne à pêche ou un filet. Armés d'un harpon, ils guettent parfois le saumon sur un arbre abattu en travers d'une rivière. Les Français apprennent aussi des Amérindiens la pêche sous la glace.

Le gibier et le poisson complètent l'alimentation des colons.

Savais-tu ?

Au 17e siècle, la tourte, ou pigeon sauvage, est si abondante que les colons peuvent en abattre une quarantaine d'un seul coup de fusil. Ces oiseaux sont aussi attrapés par centaines à l'aide de filets. La tourte est aujourd'hui une espèce disparue.

Un piège à tourte.

5 Lis les textes suivants. Parmi les mots entre parenthèses, encercle celui qui complète le mieux la phrase.

a) Les colons défrichent leurs terres en abattant les arbres à la (**hache** , **pioche**). Ils la préparent ensuite pour les semis à l'aide d'une (**houe** , **hache**) et d'une pioche. Au printemps, les colons aidés de leurs femmes sèment des grains de (**blé** , **maïs**) dans de petites buttes de terre. Leur jardin contient des légumes indigènes, comme des haricots et des (**courges** , **oignons**). Après quelques années, les colons peuvent cultiver des céréales comme l'avoine et le (**riz** , **blé**).

b) Les colons de Nouvelle-France complètent leur menu avec du gibier, comme le (**cerf** , **sanglier**), et du poisson, comme la (**sole** , **truite**). Pour attraper le poisson, ils prennent des filets et des (**cannes à pêche** , **cages**). Ils apprennent aussi à pêcher (**en haute mer** , **sous la glace**) comme les Amérindiens. Pour la chasse, les colons utilisent un (**arc et des flèches** , **mousquet**).

page 8

6 À l'aide de la carte ci-contre, calcule les distances à vol d'oiseau entre :

a) Sault Saint-Louis et Québec : environ .... km.

b) Trois-Rivières et Québec : environ .... km.

c) Québec et Tadoussac : environ .... km.

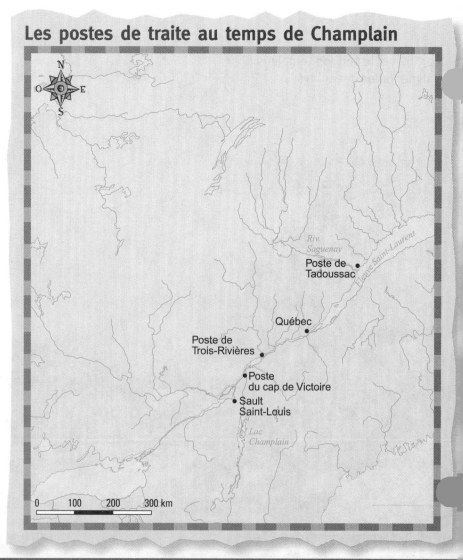

Les postes de traite au temps de Champlain

Nom : .... Date : ....

7 Au 17ᵉ siècle, les colons de Nouvelle-France sont des gens très occupés. Complète le tableau suivant sur leurs activités économiques. Pour chaque vignette, inscris l'activité correspondante et les produits de cette activité.

	Activités économiques	Produits
	Commerce.	....
	....	....
	....	....
	....	Poissons.
	....	....

Thème 6

Les réalités culturelles

Quelles sont les réalités quotidiennes des colons de la Nouvelle-France vers 1645 ?

PRÉPARATION • **1** Décris quelques éléments de ta vie quotidienne au 21ᵉ siècle. Imagine la vie quotidienne des premiers arrivants français au 17ᵉ siècle.

	Québec 21ᵉ siècle	Nouvelle-France 17ᵉ siècle
Alimentation **a)** Décris un repas du midi.		
Habillement **b)** Décris les vêtements d'un jeune de ton âge.		
Loisirs **c)** Nomme quelques activités de loisir.		
École **d)** Décris une école.		

 **RÉALISATION**

Du pain et du lard

Peu à peu, les colons changent leurs habitudes alimentaires européennes. Ils adaptent celles-ci aux ressources du territoire de la vallée du Saint-Laurent. Le pain, fait de farine de blé, constitue l'aliment de base.

Les hivers rigoureux et le dur labeur des colons demandent beaucoup d'énergie. C'est pourquoi la viande de porc, un animal facile à élever, devient un aliment essentiel. Le lièvre et certains oiseaux migrateurs sont aussi très appréciés. La viande est rôtie ou préparée en ragoût. L'anguille, le poisson le plus pêché, est mangée salée ou fumée.

Lard : graisse qui se trouve en dessous de la peau du porc.

Les colons mangent trois ou quatre repas par jour. Leur menu se compose principalement de pain, de soupe aux pois et de lard salé. Il est complété de légumes, de fruits sauvages et de pommes, un fruit européen cultivé dans la colonie. Pour se désaltérer, on boit de l'eau, du vin ou de la bière d'épinette, fabriquée à partir de l'épinette noire. Pour faire face à l'hiver, les habitants font provision de légumes et de viande séchée ou salée, qu'ils conservent dans des caches souterraines.

Savais-tu ?

La chair de la tourte est délicieuse. Les femmes en préparent un mets qui devient une spécialité de la colonie, la tourtière. Aujourd'hui, on prépare toujours des tourtières. C'est un mets traditionnel québécois.

La cuisine des colons au 17e siècle.

Une garde-robe française

Les premiers habitants s'habillent comme en France. Ils font peu d'emprunts au costume amérindien, sauf pour les mocassins, très utiles sur la neige. Les vêtements sont confectionnés par les femmes dans de robustes lainages. Les colons portent une grande culotte appelée haut-de-chausse. Elle les couvre de la taille aux genoux. Des bas recouvrent leurs jambes. Sur leur chemise de toile, ils portent une chemisette plus courte. Une cravate et des souliers complètent leur tenue. En hiver, les colons portent une cape et des mitaines en peau de castor. Ils sont parfois vêtus d'un capot ajusté à la taille par une ceinture.

Sur leur chemise blanche, les femmes mettent un corsage, un jupon, une jupe et un tablier. Comme les hommes, elles portent des bas et des souliers. Elles se couvrent d'une coiffe et parfois d'une cornette. L'hiver, elles enfilent un manteau court, une cape et des gants de mouton. Le costume des enfants s'inspire de celui des adultes.

Les vêtements des personnes aisées sont taillés dans des tissus plus fins. On distingue l'homme par ses bottes de cuir et la femme par ses dentelles et ses ornements.

Justaucorps : vêtement cintré à la taille qui descend jusqu'aux genoux.

Savais-tu ?

Les colons ont adopté le bonnet de laine rouge porté par les marins. Appelé «tuque» depuis le 18e siècle, ce chapeau est encore en usage de nos jours.

Bonnet de laine

Le costume au 17e siècle

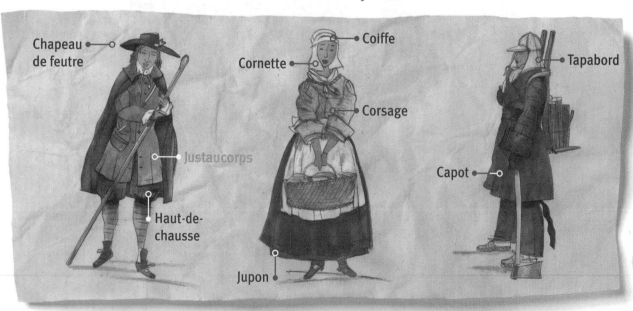

Chapeau de feutre

Justaucorps

Haut-de-chausse

Coiffe

Cornette

Corsage

Jupon

Tapabord

Capot

2 Comme tu as pu le constater, la nourriture est assez variée en Nouvelle-France ! Complète la fiche suivante.

L'alimentation des colons au 17e siècle	
Aliment de base	....
Légumes et fruits	....
Viande et poisson	....
Boissons	....

3 Nomme les vêtements ci-dessous.

❶ .... ❷ ....

❸ .... ❹ ....

❺ ....

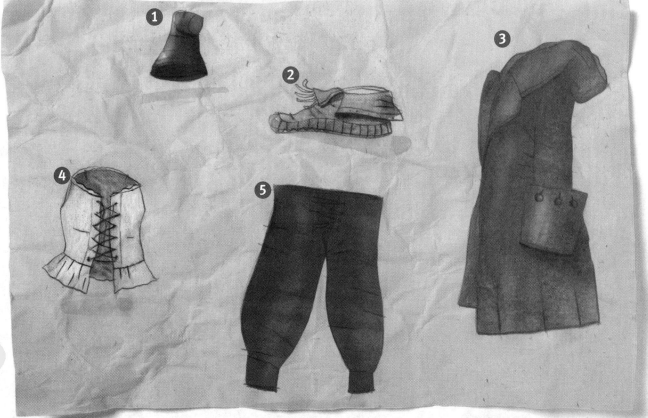

Une colonie catholique

Communauté religieuse : groupe de femmes ou d'hommes qui vivent ensemble et suivent des règles de vie religieuse.

Missionnaire : religieuse ou religieux chargé de parler de la foi chrétienne.

Les membres des communautés religieuses s'établissent très tôt en Nouvelle-France. Ces missionnaires viennent pour évangéliser les Amérindiens. Grâce à leur expérience et à leur éducation, les communautés offrent différents services aux colons. Elles organisent la vie religieuse, l'éducation et les soins de santé. Elles favorisent aussi la survie de la colonie en faisant venir de nouveaux habitants.

Trois communautés d'hommes débarquent en Nouvelle-France au 17e siècle. Les premiers, les Jésuites et les Récollets, s'installent auprès des Amérindiens. À cause des guerres iroquoises, des épidémies et des croyances des Amérindiens, leur travail d'évangélisation donne peu de résultats. Ces missionnaires font la classe aux garçons et conseillent les colons. En 1635, les Jésuites fondent un collège à Québec. Les Sulpiciens, derniers arrivés, s'occupent de la vie religieuse des colons ainsi que du développement de Montréal.

Les communautés religieuses de femmes jouent un grand rôle dans la colonie. Très tôt, elles font construire des hôpitaux et des écoles. À Québec, en 1636, les Ursulines fondent une école pour les Amérindiennes et les jeunes Françaises. La même année, les Hospitalières de la Miséricorde de Jésus ouvrent l'Hôtel-Dieu de Québec. C'est le premier hôpital de Nouvelle-France qui prodigue des soins à la fois aux Français et aux Amérindiens.

Les religieuses et leurs élèves.

À Ville-Marie, l'Hôtel-Dieu est fondé par Jeanne Mance, puis les Hospitalières de Saint-Joseph le prennent en charge. La congrégation Notre-Dame, dirigée par Marguerite Bourgeoys, se préoccupe de l'éducation des jeunes filles françaises et amérindiennes.

Les colons français sont presque tous catholiques. D'ailleurs, seuls les catholiques sont autorisés à s'installer en Nouvelle-France. Ils se rendent aux messes et aux nombreuses fêtes religieuses.

Les cérémonies sont d'abord célébrées dans une petite chapelle en bois. Elles se déroulent aussi dans la chapelle des hôpitaux ou des couvents. Par peur des incendies, on se met peu à peu à construire des églises en pierre.

Savais-tu ?

En 1653, lorsque Marguerite Bourgeoys arrive dans la colonie, il n'y a pas beaucoup d'enfants. Ils meurent souvent très jeunes et les familles sont peu nombreuses. Ce n'est qu'en 1657 que l'école de Ville-Marie ouvre ses portes. Mère Bourgeoys en devient la première institutrice.

La première école de Ville-Marie, fondée par Marguerite Bourgeoys.

Le premier Hôtel-Dieu de Montréal, fondé par Jeanne Mance.

---

4 Complète les phrases suivantes à l'aide de la banque de mots.

- communautés
- communautés
- Ursulines
- colons
- Amérindiens
- missionnaires
- Jésuites
- hôpitaux
- Québec
- éduquer
- évangéliser
- Hôtel-Dieu

a) Les .... établis en Nouvelle-France ont pour objectif d'..................................... les Amérindiens.

b) Certaines .... religieuses ont comme rôle d' .... les garçons et les jeunes filles de la colonie. Parmi celles-ci, on retrouve les .... et les ....

c) D'autres .... font construire des .... en Nouvelle-France. Le premier construit dans la colonie est l'..................................... de .... On y accueille les .... français et les ....

Passer le temps

Les longs hivers de Nouvelle-France sont l'occasion pour les colons de travailler le bois et de faire de la couture. Avec le bois, ils fabriquent des meubles pour rendre leur intérieur plus confortable. Ils sculptent aussi des jouets pour leurs enfants, comme des chevaux de bois et des outils miniatures. Quant aux femmes, elles cousent des vêtements et assemblent des couvertures. Pour leurs filles, elles confectionnent des poupées de chiffon. Elles font aussi des poupées en feuilles de maïs.

Les nouveaux arrivants passent le temps en racontant des histoires et en jouant. Ils apprécient les jeux de cartes, les dés et les échecs. Les garçons aiment beaucoup s'amuser avec une toupie ou des billes. En hiver, les enfants vont glisser sur la butte la plus proche.

Les gens les plus fortunés et les mieux éduqués lisent et écrivent.

Le cheval de bois est un jouet aimé des enfants vers 1645.

Savais-tu ?

Les meubles anciens de Nouvelle-France sont toujours appréciés. Il n'est pas rare de retrouver dans les maisons actuelles des armoires, des tables ou des chaises s'inspirant d'un style français de cette époque.

Vers 1645 en Nouvelle-France, les enfants aident leurs parents dans les tâches quotidiennes.

Rythmes de France

Les colons connaissent plusieurs chansons de leur pays d'origine. Petit à petit, ils les transforment en changeant les paroles : ils remplacent les noms de lieux français par des noms de la colonie. Pour s'accompagner, ils jouent du violon, de la flûte, des cuillères et de la **bombarde**.

Bombarde : instrument à vent, de la famille du hautbois, originaire de Bretagne en France, au son nasillard et perçant.

Cantique : chant religieux.

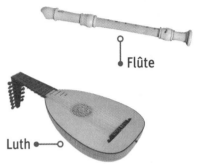
Flûte

Une danse au son de la bombarde.

Luth

Violon

La danse est très populaire tant chez les habitants que chez les riches marchands et les représentants du roi. On organise des bals pour célébrer les victoires militaires françaises ou les naissances dans la famille royale. On assiste parfois à des pièces de théâtre. Cependant, la danse et le théâtre sont très mal vus par l'Église catholique.

À la même époque, les Jésuites enseignent le chant aux colons et aux Amérindiens pour leur apprendre les prières religieuses. Les religieux français ont apporté des instruments de musique pour accompagner les **cantiques** chantés à l'église. Parmi ces instruments, on retrouve le violon, la viole de gambe, le clavecin, la flûte et le luth.

Clavecin

Viole de gambe

5 Parmi les différents passe-temps du 17ᵉ siècle, illustres-en un et fais-en une courte description.

....

....

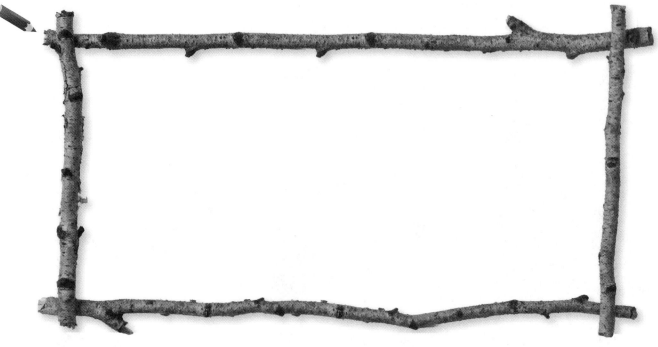

6 Colorie en bleu les pastilles associées à une phrase qui décrit une réalité quotidienne de la Nouvelle-France vers 1645.

a) Les colons complètent leur repas de fruits sauvages et de pommes.

b) L'hiver, les colons se couvrent d'un manteau de peau, comme le font les Amérindiens.

c) Les mocassins sont très utiles aux habitants pour marcher à l'extérieur l'hiver.

d) Ce sont les compagnies qui s'occupent des écoles et des soins aux malades.

e) Seuls les Français catholiques peuvent s'installer en Nouvelle-France.

f) Les meubles de la maison, les vêtements et les jouets des enfants sont fabriqués par les colons.

g) Les habitants de la Nouvelle-France aiment danser et jouer de la musique pour se divertir.

1 Remplis la pyramide en te servant des indices donnés dans les phrases suivantes.

1) C'est pendant ce siècle que des Français ont commencé à s'installer dans la vallée du Saint-Laurent.

2) Puisqu'ils n'utilisent pas d'argent, les Français et les Amérindiens utilisent ce moyen d'échange.

3) Premier poste permanent de la vallée du Saint-Laurent.

4) C'est une ressource très recherchée par les Français. Son commerce demeure le plus important en Nouvelle-France.

5) Nom des nouveaux navires qui permettent aux Européens de traverser l'Atlantique au 15e siècle.

6) L'un des premiers coureurs des bois français à aller à la rencontre des Amérindiens pour établir des relations avec ceux-ci.

7) Ce sont les établissements de la vallée du Saint-Laurent fondés au 17e siècle.

8) Région physiographique au nord de la Nouvelle-France.

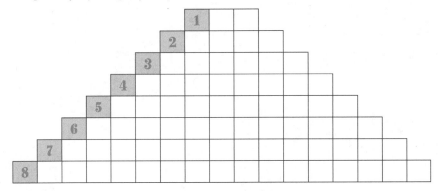

2 Qu'ont en commun les postes de traite de la vallée du Saint-Laurent vers 1645 ? Coche tes réponses.

a) Ils sont tous situés à la rencontre d'un cours d'eau et du fleuve Saint-Laurent. ☐

b) Ils sont tous habités de façon permanente. ☐

c) On s'y rend pour le commerce des fourrures. ☐

d) Ils se trouvent tous dans la région physiographique des basses-terres du Saint-Laurent. ☐

La Nouvelle-France vers 1745

1663
La Nouvelle-France, colonie royale

1701
La Grande Paix de Montréal

1600   1625   1650   1675   1700

PROJET

Fais ton cinéma!

Une maison de production désire tourner des courts métrages sur l'histoire de la Nouvelle-France. Elle a besoin de scénarios afin de pouvoir recruter des comédiens et des comédiennes. Tu dois inventer un bref scénario qui se déroulerait en Nouvelle-France entre 1645 et 1745.

Choisis un thème pour ton scénario. Voici quelques idées :

- une rencontre entre des Filles du Roy et leurs futurs époux ;

- une discussion entre le gouverneur et l'intendant ;

- une aventure d'un explorateur parti à la découverte d'une nouvelle région ;

- une journée de marché à la ville ;

- une journée de récoltes à la campagne.

Tu peux écrire ou illustrer ton scénario. Présente-le à tes camarades de classe.

1760
La conquête de
la Nouvelle-France
par l'Angleterre

1725   1750   1775   1800

Le territoire et la population

Le territoire de la Nouvelle-France vers 1745 est-il différent de celui de 1645 ?

PRÉPARATION 1 À quelle région de la Nouvelle-France se rapportent les phrases suivantes ? Au Canada, à l'Acadie ou à la Louisiane ?

Afin de faciliter l'administration d'un aussi grand territoire, le roi a divisé la colonie en trois régions. Vers 1745, la Nouvelle-France regroupe l'Acadie, le Canada et la Louisiane.

a) La région qui comprend la vallée du Saint-Laurent.

....

b) La région la plus au sud.

....

c) La région près du golfe Saint-Laurent et de l'océan Atlantique.

....

RÉALISATION

Une colonie à peupler

Au fil des ans, le territoire de la Nouvelle-France s'est étendu sur une grande partie de l'Amérique du Nord, grâce aux explorateurs. Comme la carte le montre, les Français et les Anglais contestent la possession de certains territoires.

Près de 90 % de la population française habite le long du fleuve Saint-Laurent, entre les villes de Québec et de Montréal. La vallée du Saint-Laurent fait partie de la région appelée le Canada.

La Nouvelle-France vers 1745

Mer du Labrador

Baie d'Hudson

TERRE-NEUVE

CANADA
Québec
Trois-Rivières
Montréal

ACADIE

NOUVELLE-ÉCOSSE

Boston

NOUVELLE-FRANCE

COLONIES BRITANNIQUES

New York

LOUISIANE

OCÉAN ATLANTIQUE

NOUVELLE-ESPAGNE

Nouvelle-Orléans

FLORIDE

Golfe du Mexique

Légende
- Possessions françaises
- Possessions anglaises
- Territoires contestés
- Possessions espagnoles

0   480 km

Les colons sont sédentaires. Depuis plus d'un siècle, ce sont toujours les mêmes ressources naturelles qui intéressent la France : les fourrures, les bancs de poissons, la forêt et les sols fertiles.

L'intendant Talon visite une famille canadienne en Nouvelle-France.

RÉPARTITION DE LA POPULATION EN NOUVELLE-FRANCE		
Année	**1712**	**1737**
Hommes	2 786	7 378
Femmes	2 588	6 804
Garçons	6 716	13 330
Filles	6 350	12 458
Total	18 440	39 970

Savais-tu ?

Les colons qui naissent et grandissent dans la vallée du Saint-Laurent se font désormais appeler « Canadiennes » et « Canadiens ».

La population française de la colonie augmente lentement. En 1663, on compte environ 3000 habitants. Parmi ceux-ci, il n'y a qu'une femme en âge de se marier pour six hommes. Afin d'augmenter le nombre de naissances, le roi de France, Louis XIV, encourage des centaines de jeunes Françaises à se rendre en Amérique. Au 18e siècle, l'équilibre entre les femmes et les hommes est presque rétabli.

Aux 17e et 18e siècles, à peine 10 000 immigrants français traversent l'Atlantique et s'installent en Nouvelle-France. C'est surtout grâce aux naissances nombreuses que la colonie s'agrandit. Les femmes se marient jeunes et portent un enfant presque tous les deux ans ! En 1754, la population atteint 55 000 habitants. Observe bien le graphique suivant.

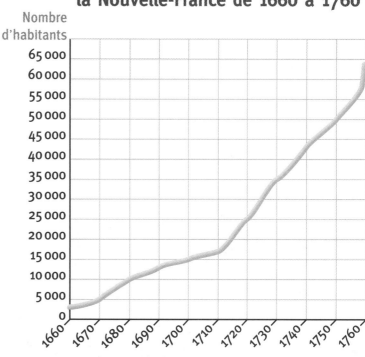

La population française de la Nouvelle-France de 1660 à 1760

2 **a)** En Nouvelle-France vers 1745, quelles sont les trois villes importantes?

1) .... **2)** .... **3)** ....

b) Dans quelle partie de la Nouvelle-France se trouvent-elles?

Acadie. ☐   Louisiane. ☐   Canada. ☐

3 **a)** À l'aide des chiffres sur la population de la Nouvelle-France de la page précédente, remplis le tableau suivant.

	Femmes	Hommes	Filles	Garçons
Population en 1737	....	....	....	....
À la centaine près	....	....	....	....

b) À l'aide de ces chiffres arrondis, complète l'histogramme ci-contre.

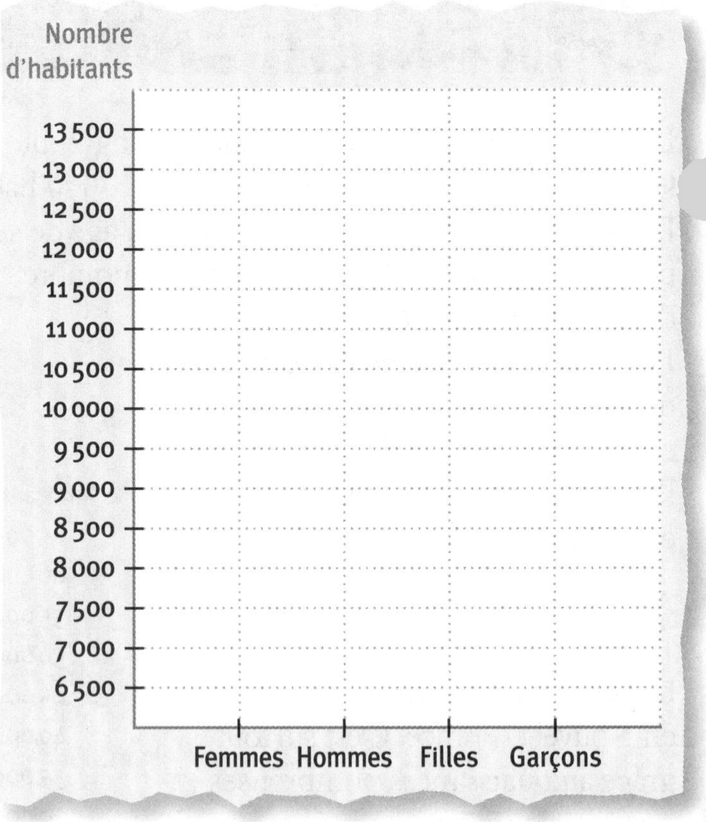

c) Que remarques-tu?

....

....

....

....

....

....

....

Nombre d'habitants

```
13 500 ┼
13 000 ┼
12 500 ┼
12 000 ┼
11 500 ┼
11 000 ┼
10 500 ┼
10 000 ┼
 9 500 ┼
 9 000 ┼
 8 500 ┼
 8 000 ┼
 7 500 ┼
 7 000 ┼
 6 500 ┼
       └──┴──────┴──────┴──────┴──
        Femmes Hommes Filles Garçons
```

4 Pourquoi la population de la Nouvelle-France augmente-t-elle? Coche les bonnes réponses.

a) Naissances nombreuses. ☐

b) Immigration anglaise. ☐

c) Immigration française. ☐

d) Engagement religieux. ☐

Les Filles du Roy débarquent

De 1663 à 1673, près de 800 jeunes filles font la traversée de l'océan pour venir se marier en Nouvelle-France. La plupart sont orphelines et âgées de moins de 25 ans. On les surnomme les « Filles du Roy », car leur voyage et leur installation dans la colonie sont payés par Louis XIV. Elles reçoivent quelques vêtements, dont un bonnet, une paire de bas, des gants et un mouchoir, et un coffre pour les ranger. On leur donne aussi un peu d'argent et des accessoires pour la couture, comme du fil, des aiguilles et des ciseaux.

À Montréal, les Filles du Roy sont accueillies par Marguerite Bourgeoys et les religieuses de la congrégation de Notre-Dame. Dans les jours qui suivent leur arrivée, elles choisissent un époux parmi les colons et les soldats venus de France pour combattre les Iroquois. Leur préférence va aux hommes qui possèdent déjà une maison. Une vie rude les attend. Cependant, ces femmes savent s'adapter à leur nouvelle existence. Leur établissement est un succès. Dix ans plus tard, au début des années 1680, la population française de la colonie a triplé !

Coffre.

Ciseaux.

Bonnet.

Fil.

L'arrivée des Filles du Roy en Nouvelle-France.

MARÉCHAL

AUBERGE

Nom : .... Date : ....

5 **a)** Observe ces deux cartes.

Le territoire de la Nouvelle-France vers 1645

Légende
- Possessions françaises
- Possessions anglaises
- Possessions hollandaises
- Possessions espagnoles

0   480 km

Le territoire de la Nouvelle-France vers 1745

Légende
- Possessions françaises
- Possessions anglaises
- Territoires contestés
- Possessions espagnoles

0   480 km

b) Que remarques-tu?

....
....
....
....
....
....

c) Donne le nom des régions et des cours d'eau identifiés par un chiffre sur la carte de 1745.

1 ....
2 ....
3 ....
4 ....

6 Tu dois persuader une famille de venir s'installer en Nouvelle-France. Quelles sont les ressources du territoire qui pourraient les intéresser?

....
....

L'aménagement du territoire

Thème 2

Comment les colons aménagent-ils le territoire de la Nouvelle-France ?

PRÉPARATION **1** L'aménagement d'un territoire, c'est la façon dont les humains transforment les lieux pour qu'il réponde à leurs besoins. Dessine comment est aménagée la cour de ton école.

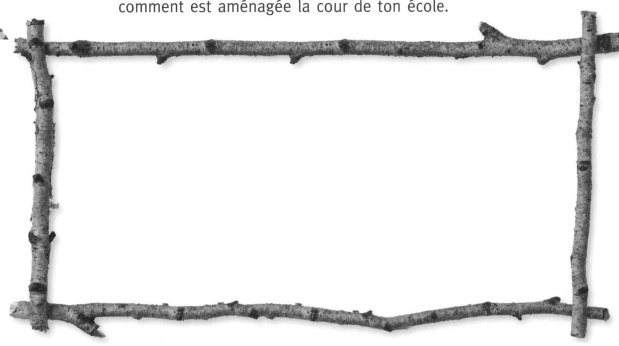

2 Observe la photo suivante. Que représente-t-elle ? Quelle forme ont les terres ?

....

....

....

....

....

....

....

....

RÉALISATION

Le régime seigneurial

Le régime seigneurial est une façon de partager les terres. En Nouvelle-France, cet aménagement a aussi pour but d'assurer le peuplement.

Les seigneuries sont de grandes terres rectangulaires, perpendiculaires à un cours d'eau. Le seigneur en est le propriétaire. Il reçoit sa seigneurie gratuitement du roi. Le seigneur a l'obligation d'habiter sa terre. Il se construit un manoir et bien souvent un moulin à farine. Il prévoit des emplacements pour l'église et la commune. De plus, il doit recruter des colons et leur offrir des lots.

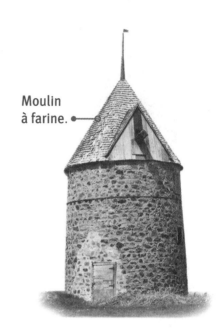

Moulin à farine.

Le colon obtient son lot gratuitement du seigneur. Il devient alors censitaire et a trois ans pour s'y installer. Il doit défricher, cultiver sa terre et construire sa maison. Il s'engage à verser au seigneur une rente annuelle en argent ou en produits de la ferme. Le censitaire paie différentes taxes et accorde parfois au seigneur des journées de travail gratuit.

Commune : terrain où les habitants de la seigneurie font paître leurs bêtes.

Lot : partie d'une terre, appelée aussi concession.

Censitaire : celui qui paie le cens, une taxe versée au seigneur.

Le seigneur reçoit une seigneurie. Il doit s'agenouiller devant l'intendant afin de reconnaître l'autorité du roi.

En moyenne, une seigneurie mesure cinq kilomètres de façade sur plus de vingt kilomètres de profondeur. Elle est divisée en lots longs et étroits qui débouchent sur le fleuve ou sur une rivière. Ce découpage rapproche les colons voisins et facilite le transport par voie d'eau. Lorsque toutes les terres près de l'eau sont occupées, le seigneur doit ouvrir un nouveau rang de concessions. Observe bien l'exemple suivant.

Savais-tu ?

La Plantation du mai est une fête donnée en l'honneur du seigneur. Selon la tradition, les colons plantent un arbre devant le manoir. On ne laisse que quelques branches à la cime, décorées de rubans et de fleurs. Pour l'occasion, tous sont invités à manger, à boire et à danser avec le seigneur et sa famille.

Exemple d'une seigneurie canadienne au 18ᵉ siècle

Savais-tu ?

Dans la vallée du Saint-Laurent, les terres agricoles sont encore divisées selon le mode seigneurial.

3 Quels sont les buts du régime seigneurial en Nouvelle-France?
Coche tes réponses.

    a) Faire respecter les droits des autochtones. ☐

    b) Partager les terres. ☐

    c) Assurer le peuplement. ☐

4 Toutes les seigneuries sont situées près d'une ressource naturelle, laquelle?

....

5 Parmi les tâches et les obligations suivantes, coche celles du seigneur.

    a) Construire et habiter son manoir. ☐   d) Prévoir l'emplacement de l'église. ☐

    b) Construire un moulin. ☐   e) Fournir les animaux des colons. ☐

    c) Construire les maisons de ferme. ☐   f) Prévoir l'emplacement de la commune. ☐

6 Encercle les obligations du censitaire envers son seigneur.

a)

c)

b)

d)

Un confort adapté

Toit à quatre pentes

Maison de style normand.

Mur en pignon

Maison de style breton.

Les maisons canadiennes sont adaptées à leur environnement. À la campagne, les maisons sont toutes simples et rappellent celles du 17e siècle. La toiture de bardeaux de cèdre est en pente raide pour empêcher les accumulations de neige. On évite de placer des fenêtres au nord pour se protéger des vents d'hiver. La maison, la grange, l'étable et le four à pain sont regroupés sur le devant de la terre, près du cours d'eau.

À la ville, on bâtit de plus en plus en pierres. Les maisons comptent deux ou trois étages. Pour prévenir la propagation des incendies, les habitations sont séparées par des murs épais servant de coupe-feu. Une échelle sur la toiture permet d'aller enlever la neige accumulée.

L'intérieur se compose d'une salle principale et d'une chambre à coucher. D'autres chambres sont à l'étage. Certaines habitations ont une cheminée double, au centre de la maison. D'autres possèdent deux cheminées, une à chaque extrémité. Le mobilier, fait de pin, comprend une table, des bancs, des chaises, une armoire et le lit des parents. On s'éclaire à la bougie.

Maison de ville

Mur coupe-feu

Persienne

Savais-tu ?

Dans le quartier historique de Québec, on peut encore voir des maisons de ville du 18e siècle.

7 Parmi les éléments suivants, coche ceux qui sont typiques de la maison de ville au 18ᵉ siècle.

a) Toit en ardoise. ☐   f) Maison de pierres. ☐

b) Mur de briques. ☐   g) Maison à deux ou trois étages. ☐

c) Échelle sur la toiture. ☐   h) Toit en bardeaux de cèdre. ☐

d) Mur coupe-feu. ☐   i) Maison de bois. ☐

e) Toit à quatre pentes. ☐   j) Éclairage au gaz. ☐

8 Remplis la grille en te servant des indices donnés dans les phrases ci-après.

5) Les murs coupe-feu servent à les prévenir.

....

1) Il se trouve sur le devant de la terre, près du cours d'eau.

....

6) Les maisons bâties selon ce style ont des murs en pignon.

....

2) On évite de placer des fenêtres de ce côté de la maison pour se protéger des vents d'hiver.

....

7) C'est le bois privilégié pour fabriquer les meubles.

....

3) Les gens s'éclairent avec cet objet.

....

8) C'est un des morceaux du mobilier.

....

4) Bois avec lequel sont fabriqués les bardeaux de la toiture.

....

9) Les maisons bâties selon ce style ont un toit à quatre pentes.

....

 **INTÉGRATION** 9 Si tu étais propriétaire d'une seigneurie, comment l'aménagerais-tu?

   a) Trace le plan de ta seigneurie, avec ses divisions et ses bâtiments.

   b) Indique dans la légende tous les éléments que l'on y retrouve.

   c) Donne un titre à ton plan.

Titre : ....

Légende

Thème 3

L'organisation politique

Comment la Nouvelle-France est-elle dirigée au 18ᵉ siècle ?

PRÉPARATION **1** Au milieu du 17ᵉ siècle, la Nouvelle-France comptait peu d'habitants. À qui était laissée l'administration de la colonie ?

a) Roi. ☐

c) Communautés religieuses. ☐

b) Compagnies. ☐

d) Regroupements de colons. ☐

RÉALISATION

Une colonie royale

En 1663, à peine 3000 colons habitent la Nouvelle-France. Le jeune roi Louis XIV décide de s'occuper de sa colonie. Il nomme un gouverneur général et un intendant qui se partagent l'administration de la colonie.

Le gouvernement royal de Nouvelle-France de 1663 à 1760

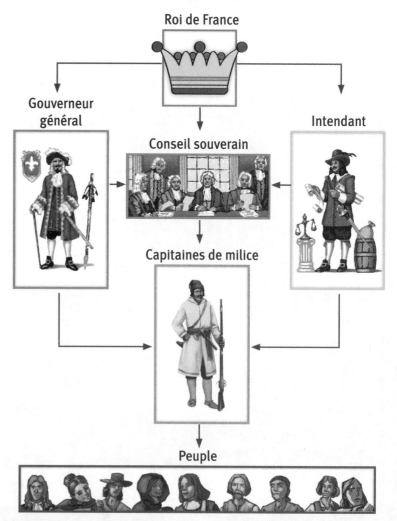

Le gouverneur général

Le gouverneur représente le roi dans la colonie. Commandant de l'armée et de la **milice**, il veille à la défense du territoire. Il est aussi responsable des relations avec les Amérindiens et les colonies voisines.

Milice : groupe formé de colons prêts à défendre la colonie.

Évêque : prêtre haut placé responsable des questions religieuses dans la colonie.

L'intendant

L'intendant est la personne la plus influente de la Nouvelle-France. Il contrôle les activités économiques. Il gère le budget et réglemente le commerce. Il distribue les seigneuries, s'occupe du peuplement et du maintien de l'ordre. Il est aussi intendant de la justice, il surveille les tribunaux et reçoit les plaintes des colons.

Jean Talon (1625-1694)

Jean Talon est originaire de la région de Champagne, en France. Déjà intendant dans son pays, il est envoyé en Nouvelle-France en 1665. C'est le premier intendant de la colonie. Certain que ce territoire a un grand avenir, Jean Talon prend des mesures pour le peuplement et le développement économique. Cependant, après son retour en France en 1672, la plupart de ces mesures connaissent peu de succès.

Le Conseil souverain

Le Conseil souverain se compose du gouverneur, de l'intendant, de l'**évêque** et de conseillers. C'est principalement une cour de justice.

Le palais de l'intendance à Québec est l'édifice où loge l'intendant et où se tiennent les réunions du Conseil souverain.

Les capitaines de milice

Ils sont chargés de faire connaître les décisions de l'intendant à la population. Ils entraînent les miliciens canadiens en cas de conflits armés.

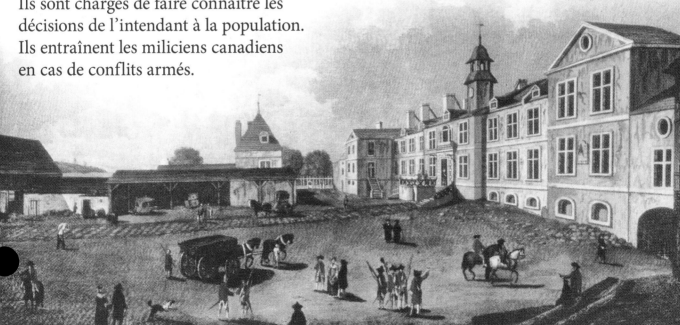

Un plan ambitieux

L'intendant Talon a conçu un plan de développement en quatre volets.

❶ La population doit augmenter. Talon favorise l'immigration de familles, de gens de métier et de Filles du Roy. Les engagés débarquent encore plus nombreux qu'avant. L'intendant offre des terres aux soldats français venus se battre contre les Iroquois.

❷ La colonie doit subvenir à ses propres besoins. Les colons se mettent à produire eux-mêmes leur nourriture et leurs tissus. L'intendant Talon fait transporter des chevaux, des moutons et des métiers à tisser. À Québec, il organise une chapellerie, une tannerie, une brasserie et un chantier naval.

❸ Les richesses naturelles de la colonie sont mises en valeur. La forêt fournit du bois pour fabriquer des bateaux. Pour développer la pêche, Talon crée des établissements le long du Saint-Laurent. Il met en place un commerce triangulaire avec la France et les Antilles.

❹ Les ressources de la colonie sont explorées. Talon envoie des explorateurs aux quatre coins du territoire. Il veut ainsi élargir les frontières de la Nouvelle-France et empêcher les Anglais de s'emparer du commerce des fourrures avec les Amérindiens.

Chapellerie : endroit où l'on fabrique des chapeaux.

Tannerie : endroit où l'on traite les peaux d'animaux pour en faire du cuir.

Chantier naval : endroit où l'on construit des bateaux.

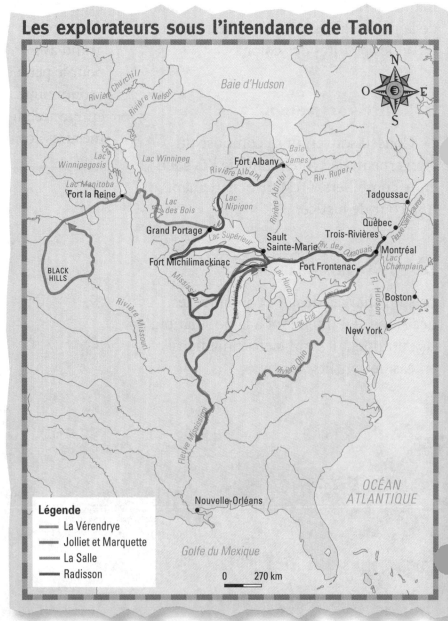

Les explorateurs sous l'intendance de Talon

Légende
— La Vérendrye
— Jolliet et Marquette
— La Salle
— Radisson

0   270 km

2 À qui reviennent les responsabilités suivantes ?

a) Il représente le roi et l'informe des affaires de la colonie. Il est responsable de la défense et des relations avec les autres peuples d'Amérique. Il fait partie du Conseil souverain.

....

b) Il s'occupe du budget et du commerce. Il distribue les terres et veille à la sécurité des colons. Il surveille les tribunaux et règle les conflits entre les seigneurs et les censitaires. Il fait partie du Conseil souverain.

....

3 Les illustrations suivantes représentent les quatre volets du plan de développement de Jean Talon. Colorie le volet auquel correspond chaque illustration.

a) ① ② ③ ④   **c)** ① ② ③ ④

Les Filles du Roy avec Marguerite Bourgeoys. •

Jean Talon visite un chantier naval. •

b) ① ② ③ ④   **d)** ① ② ③ ④

Louis Jolliet et ses compagnons en route • vers le Mississippi.

Des tanneurs au travail. •

Guerre pour le territoire et le commerce

Au 17ᵉ siècle, la colonie est souvent menacée par les Iroquois, qui veulent contrôler le commerce de la fourrure. Pour assurer le développement de la Nouvelle-France, il est urgent d'agir. Dans les années 1660, Louis XIV y envoie plus d'un millier de soldats.

Le **siège** de Québec en 1690.

Aux 17ᵉ et 18ᵉ siècles, en Europe, des guerres éclatent entre la France et l'Angleterre. Ces conflits se font également sentir en Amérique, dans les colonies. Les Anglais veulent le territoire de la baie d'Hudson, de Terre-Neuve et de l'Acadie. En 1690, une **flotte** anglaise, dirigée par l'amiral William Phipps, essaie de prendre Québec. Les soldats de Frontenac les repoussent avec succès. Cette victoire est de courte durée. Les guerres se poursuivent et en 1713, la Nouvelle-France perd la baie d'Hudson, Terre-Neuve et une partie de l'Acadie. De leur côté, les Iroquois, alliés des Anglais, sont affaiblis par des années de guerre et d'épidémies. Avec plusieurs autres nations amérindiennes, ils signent la Grande Paix de Montréal en 1701.

Siège : encerclement d'une ville par une armée afin de s'en emparer.

Flotte : groupe de bateaux de guerre.

Frontenac répond à la demande de l'amiral Phipps de rendre la ville de Québec aux Anglais.

Louis de Buade de Frontenac (1622-1698)

À l'âge de cinquante ans, ce Français est nommé gouverneur de la Nouvelle-France. Frontenac est un militaire de talent, qui désire s'enrichir dans le commerce des fourrures. Il participe à l'expansion du territoire de la région des Grands Lacs jusqu'au Mississippi. Il y fait construire de nombreux forts. En 1690, il déclare aux Anglais postés devant Québec : « Je n'ai point de réponse à vous faire que par la bouche de mes canons et à coups de fusil. »

Soldats et miliciens

Sur ordre du roi, 1200 soldats du régiment de Carignan-Salières arrivent en Nouvelle-France en 1665. La majorité prend position dans la région de Montréal. Les soldats construisent des forts le long de la rivière Richelieu et font rapidement la paix avec les Iroquois. Près de 700 d'entre eux s'établissent pour de bon dans la colonie.

En 1669, une milice officielle est créée. Elle regroupe des colons âgés de 16 à 60 ans. Sous les ordres d'un capitaine, les groupes de miliciens se réunissent une fois par mois pour faire des exercices militaires. Leur rôle est de protéger la colonie contre les attaques anglaises et iroquoises. Certains de ces hommes adoptent la guerre d'embuscade pratiquée par leurs alliés algonquiens. Cachés aux abords des villages des colonies anglaises, ils attaquent leurs ennemis par surprise.

La paix est fragile, et la milice ne suffit pas. À partir des années 1680, la France doit envoyer des troupes de la Marine. Ces soldats sont groupés en compagnies franches d'une cinquantaine d'hommes. Engagés pour six ans, plusieurs d'entre eux épousent des Canadiennes et restent en Nouvelle-France.

Un milicien.

Un soldat du régiment de Carignan-Salières.

Un soldat d'une compagnie franche de la Marine.

Savais-tu ?

À l'époque, lorsqu'un soldat entre dans l'armée française, on lui donne un surnom selon son métier, son apparence ou son caractère. Des surnoms comme L'épicier, Legros et Sanschagrin se sont répandus dans toute la colonie et sont devenus des noms de famille.

Franche : qui ne fait pas partie des troupes régulières.

page 12

4 Relie ces événements de l'histoire de la Nouvelle-France à la ligne du temps.

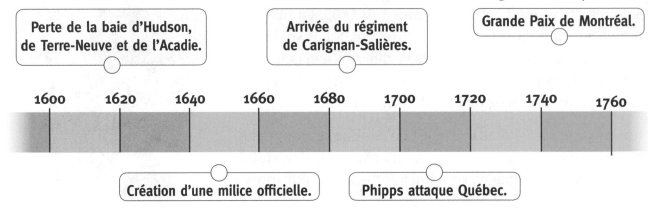

| Perte de la baie d'Hudson, de Terre-Neuve et de l'Acadie. | Arrivée du régiment de Carignan-Salières. | Grande Paix de Montréal. |

1600 1620 1640 1660 1680 1700 1720 1740 1760

Création d'une milice officielle.   Phipps attaque Québec.

5 Identifie ces militaires en coloriant les pastilles selon le code de couleur.

⬤ Une compagnie franche de la Marine.   ⬤ Le régiment de Carignan-Salières.   ⬤ La milice.

a) C'est un groupe de 1200 soldats français venus en Nouvelle-France sur ordre du roi pour lutter contre les Iroquois.

b) Ce sont des groupes de colons de Nouvelle-France, âgés de 16 à 60 ans, entraînés pour défendre la colonie contre les attaques anglaises et iroquoises.

c) C'est une troupe d'une cinquantaine de soldats de la Marine venus de France pour aider la milice.

INTÉGRATION

6 Complète l'organigramme du gouvernement royal de Nouvelle-France.

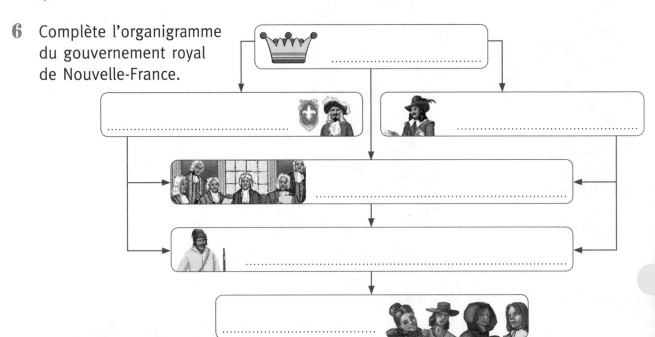

Nom : _____   Date : _____

 Thème 4

L'organisation sociale
et les activités économiques

À quoi ressemble le quotidien des colons de la ville
et de la campagne ? Quelles activités économiques
pratiquent-ils vers 1745 ?

PRÉPARATION

1 Observe les photos suivantes. Indique si elles correspondent à la ville
ou à la campagne.

a) ....

c) ....

b) ....

d) ....

2 Donne un avantage et un désavantage de la vie à la ville et à la campagne.

	Avantages	Désavantages
Vie à la ville		
Vie à la campagne		

Vivre de la terre

Au 18ᵉ siècle, les trois quarts des Canadiens vivent sur une ferme. De Québec à Montréal, le nombre de terres défrichées augmente sans cesse. Jette un coup d'œil sur la vie de ces habitants.

Grange

Four à pain

Charrette

Fauchon

Faux

Fauchon : faux munie d'un râteau pour la coupe des céréales.

Avoine

Blé

Chou

Oignons

Tabac

Potager

Enclos

Étable

En hiver, les colons coupent du bois pour le chauffage.

Au printemps, les femmes ont la responsabilité de sortir les animaux de l'étable pour les faire paître dans un enclos. Les hommes attellent les bœufs à la charrue et labourent la terre. Puis, ils sèment du blé, de l'avoine et des pois ainsi qu'un peu d'orge et de seigle. On cultive aussi du maïs, du lin et du chanvre. Certains habitants entaillent les érables pour en tirer la sève. Avec cette eau d'érable, ils préparent du sirop et du sucre.

Tout au long de l'été, les femmes font pousser des choux, des carottes, des navets, des oignons, des citrouilles, des melons et un peu de tabac dans leur potager.

En été, on récolte le fourrage. Le travail se fait à l'aide de faux et de faucilles. Toute la famille y participe. Les habitants continuent de défricher leur terre pour l'agrandir. Ils retirent les souches et les grosses pierres à l'aide d'un bœuf ou d'un cheval.

Les Canadiennes filent et tissent la laine en hiver.

L'automne venu, on ramasse les citrouilles. Les colons labourent leur champ pour l'année suivante. On fait aussi boucherie, c'est-à-dire qu'on abat les animaux qui servent à l'alimentation. Les femmes font des conserves avec les légumes du potager.

En hiver, les hommes fendent le bois de chauffage, battent le blé et réparent les outils. Les femmes cardent, filent et tissent la laine. Elles fabriquent également des chandelles avec du gras animal.

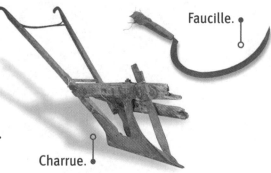

Faucille.

Charrue.

Fourrage : céréales entreposées dans la grange servant de nourriture au bétail, comme le foin, l'avoine ou le maïs.

Carder : peigner, démêler la laine.

Vivre à la ville

Québec est la **capitale administrative** et religieuse de la colonie. Son port est la voie d'entrée des marchandises **importées** de France et des Antilles. Sur la place Royale, véritable marché public, on trouve de tout !

Trois-Rivières est une petite ville industrielle. Une manufacture de canots en écorce de bouleau y est construite. Les Forges du Saint-Maurice produisent et transforment le fer. On y fabrique des objets utilitaires comme des poêles ainsi que de l'équipement militaire comme des canons et des boulets.

Un jour de marché à la ville.

Un tonnelier au travail.

Montréal est la ville du commerce et un accès vers l'intérieur du continent. Les marchands et les officiers militaires y organisent la traite des fourrures. Dans les rues étroites et animées, de nombreux artisans et petits commerçants tiennent leur boutique.

Savais-tu ?

En 1962, la place Royale de Québec a été reconstruite telle qu'on pouvait la voir au 18e siècle.

Voici quelques métiers pratiqués à la ville au 18e siècle :

Boulanger	Charron	Charpentier
Brasseur	Chaudronnier	Couvreur
Meunier	Cloutier	Maçon
Chapelier	Fondeur	Tonnelier
Perruquier	Forgeron	Sellier
Tisserand	Orfèvre	Tanneur

Capitale administrative : ville où se réunit le gouvernement.

Importé : qui provient d'un autre pays.

Les principaux postes de traite du 17e siècle sont devenus les villes de la colonie. Observe attentivement ce coin de rue animé.

Étal du boucher

Officier d'une compagnie franche

Tambour d'une compagnie franche

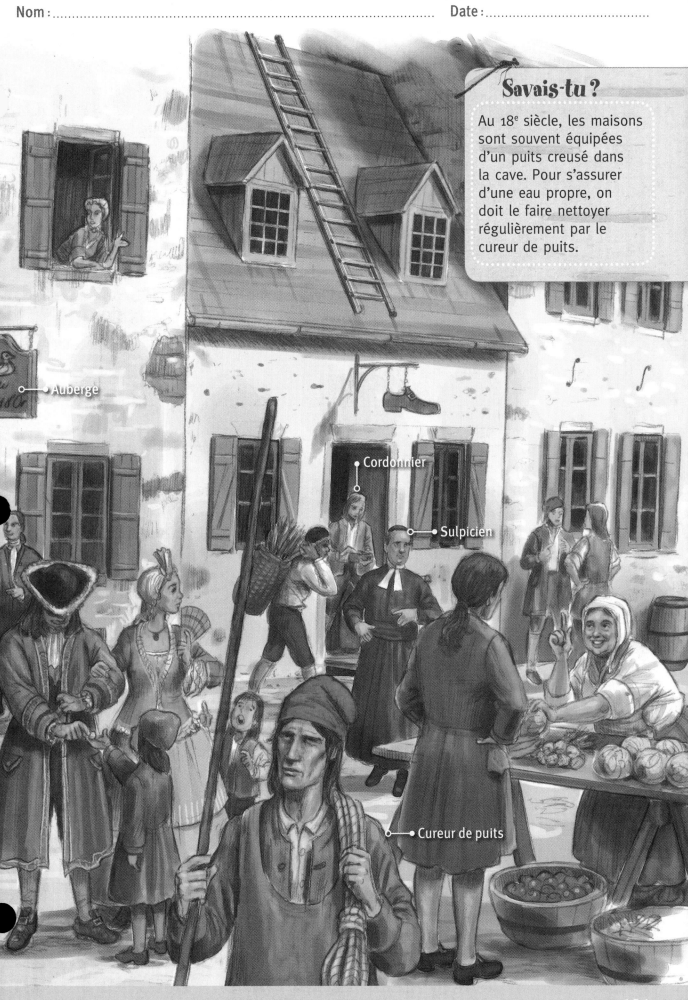

Savais-tu ?

Au 18e siècle, les maisons sont souvent équipées d'un puits creusé dans la cave. Pour s'assurer d'une eau propre, on doit le faire nettoyer régulièrement par le cureur de puits.

Auberge

Cordonnier

Sulpicien

Cureur de puits

3 **a)** Donne deux tâches des habitants pour chaque saison.

Hiver	Printemps
1) .... 2)	1) .... 2) ....
Été	**Automne**
1) .... 2)	1) .... 2) ....

b) Dans le tableau, coche les tâches accomplies par les femmes.

4 Dans le texte « Vivre à la ville », choisis un métier pratiqué au 18e siècle. Illustre ce métier et fais-en une courte description.

....

....

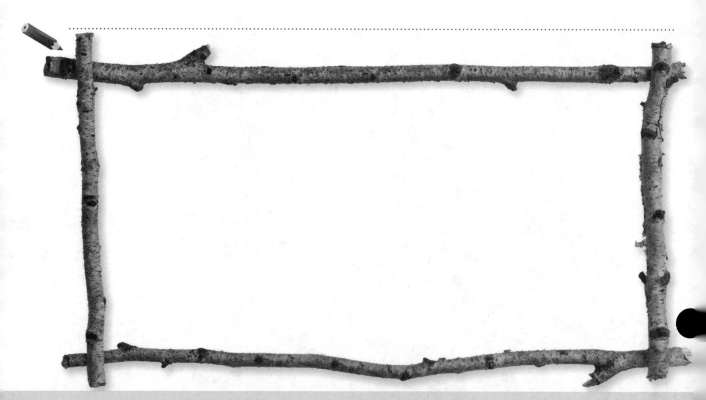

Voies d'eau et chemins de terre

Au 18ᵉ siècle, les communications sont difficiles. L'océan Atlantique est un obstacle considérable entre la colonie et la France. À l'intérieur du territoire, le gel du fleuve Saint-Laurent pendant six mois freine le transport par bateau. Les sentiers empruntés par les coureurs des bois et les Amérindiens sont peu praticables. De plus, les routes ouvertes entre les rangs des seigneuries sont sinueuses et étroites. Elles ne sont pas raccordées entre elles. Les habitants qui vivent loin d'un cours d'eau sont isolés.

Une calèche sur le chemin du Roy.

Le fleuve est la seule voie qui traverse la colonie. On s'y déplace en canot. Les bateaux transportent le courrier. Il n'existe pas de service postal organisé. Les Canadiens remettent leurs lettres à des messagers privés, à des voyageurs ou encore aux capitaines des navires.

Pour faciliter les transports, l'intendant Gilles Hocquart confie à un ingénieur la construction d'une grande route reliant Québec à Montréal sur la rive nord du fleuve. C'est le chemin du Roy, ouvert en 1737. Large de 7 mètres et long de 280 kilomètres, il permet de faire le trajet à cheval en quatre jours.

Des ponts de bois enjambent les ruisseaux et les fossés. Pour franchir les rivières, les voyageurs doivent payer pour emprunter un bac dirigé par un passeur.

Sinueux : qui fait des détours.

Bac : bateau à fond plat servant à traverser un cours d'eau.

Savais-tu ?

En 1739 débute la construction d'une seconde route nord-sud entre Montréal et Fort Saint-Frédéric, situé dans l'État de New York actuel.

Un traîneau sur la neige.

5 Parmi les phrases suivantes, coche celles qui sont vraies.

a) Les bateaux offrent aux Canadiens un service postal organisé. ☐

b) Les premières routes aménagées dans les seigneuries sont étroites, sinueuses et toutes raccordées entre elles. ☐

c) Le fleuve est navigable à longueur d'année. ☐

d) Gilles Hocquart est l'ingénieur du chemin du Roy. ☐

e) C'est en 1737 que le chemin du Roy est ouvert entre Québec et Montréal. ☐

f) Des ponts et des bacs permettent aux voyageurs du chemin du Roy de franchir les cours d'eau. ☐

6 Le réseau de communication en Nouvelle-France n'est pas très efficace. D'après toi, quel moyen de transport est le plus pratique à cette époque? Donne son nom et dessine-le.

Moyen de transport: ....

La fourrure, toujours la fourrure

La fourrure est toujours la principale marchandise que la colonie échange avec la France. Ce commerce est réglementé par des permis. Des marchands, installés à Montréal, équipent des expéditions de coureurs des bois, qui s'aventurent de plus en plus loin vers l'ouest. Les routes que les coureurs des bois utilisent forment un réseau de traite très important dans l'est de l'Amérique du Nord.

Contrebande : commerce fait en cachette, sans permis.

Afin de permettre les échanges avec les Amérindiens, les Français font construire des forts sur leurs routes de traite. Des militaires sont postés dans ces forts en cas de conflits avec les Anglais.

La **contrebande** avec les colonies anglaises est sévèrement punie. Mais elle est assez répandue, car les Anglais paient mieux. Les Amérindiens préfèrent certaines de leurs marchandises à celles des Français.

Le réseau de la traite des fourrures au 18ᵉ siècle

Légende
- *CRIS* Nation amérindienne
- Poste de traite anglais
- Poste de traite français
- Fort français
- • Établissement important
- — Route de commerçants anglais
- — Route de commerçants français

7 a) Complète la phrase suivante.

Beaucoup de postes de traite et de forts sont construits près de l' ....

b) Pourquoi, d'après toi? ....

....

Fort Niagara, situé au sud des Grands Lacs. ●—○

Le commerce triangulaire

Dès le 17e siècle, l'intendant Talon organise un système d'échanges entre la Nouvelle-France, les Antilles françaises et la France. Il souhaite que la colonie ne dépende plus uniquement de la traite des fourrures. Voici comment se déroule ce commerce triangulaire.

Départ	Lieu de départ	Lieu d'arrivée	Produits transportés
Juin-juillet	France	Nouvelle-France	Textiles, mobilier, outils, boissons, objets de traite.
Octobre	Nouvelle-France	Antilles	Farine, pois, poisson, viande salée, bois, huile.
Mars-avril	Antilles	France	Sucre, rhum, tabac, café, mélasse.

Observe la carte ci-dessous, elle te montre les routes empruntées par les navires lors des échanges commerciaux.

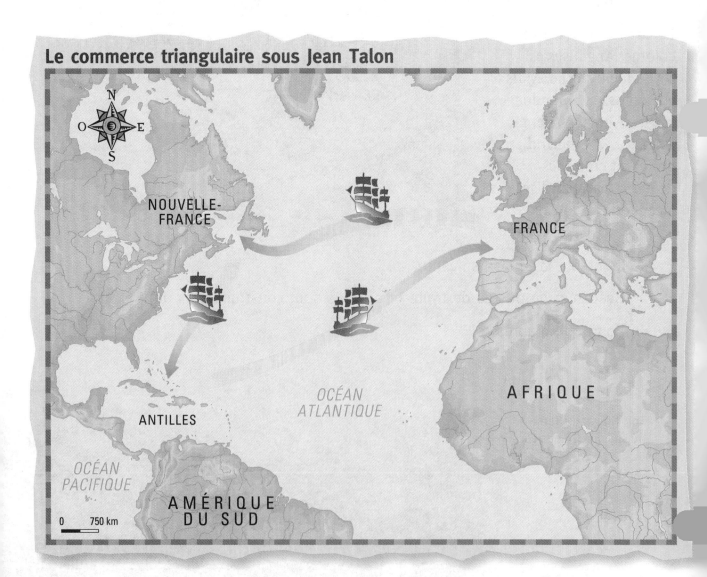

Le commerce triangulaire sous Jean Talon

page 8

8 Complète la carte suivante.

a) Inscris le nom des deux colonies et du pays effectuant des échanges commerciaux.

b) Inscris le nom de trois produits échangés pour chaque route de commerce.

Les Antilles sont des îles de la mer des Antilles qui appartiennent à la France. Elles forment une colonie.

Le commerce triangulaire

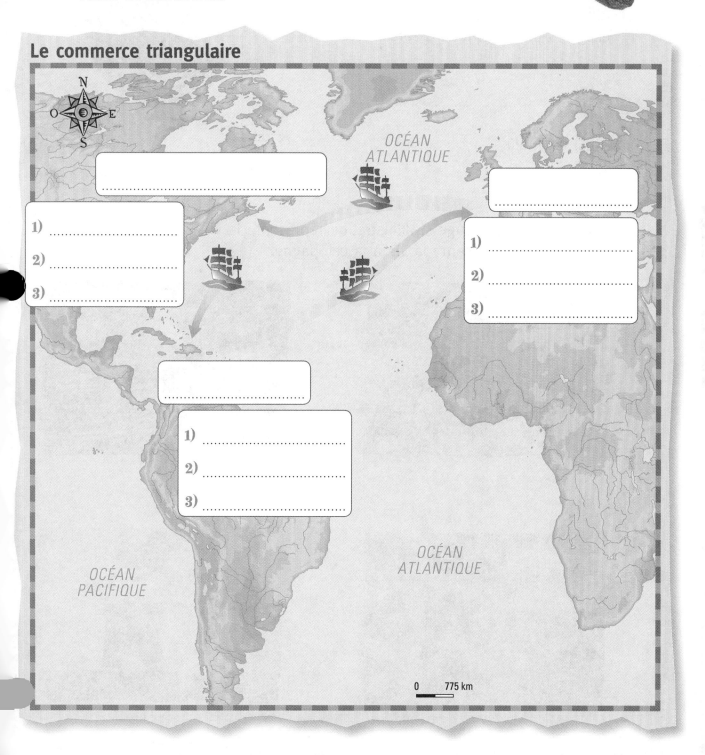

OCÉAN ATLANTIQUE

....

1) ....
2) ....
3) ....

....

1) ....
2) ....
3) ....

....

1) ....
2) ....
3) ....

OCÉAN PACIFIQUE

OCÉAN ATLANTIQUE

0   775 km

Nom : .... Date : ....

Répartition des exportations de la Nouvelle-France en 1730

9 **a)** D'après le graphique ci-contre, quelle ressource est la plus **exportée** de la Nouvelle-France en 1730 ?

....

b) Aujourd'hui, quelle ressource exporte-t-on du Canada d'après toi ?

....

....

Exporté : qui est vendu
à un autre pays.

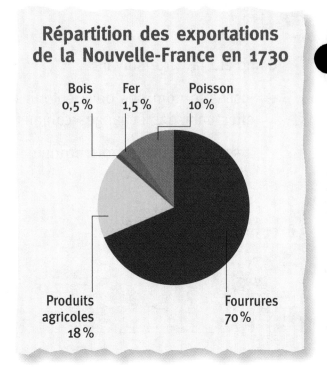

Bois 0,5 %   Fer 1,5 %   Poisson 10 %

Produits agricoles 18 %

Fourrures 70 %

10 Colorie la pastille en rouge si l'illustration représente la vie à la ville et en vert si elle représente la vie à la campagne.

a)

c)

b)

d)

Les réalités culturelles

Thème 5

Quelles sont les réalités culturelles des colons en Nouvelle-France vers 1745 ?

PRÉPARATION

La culture, c'est un ensemble d'éléments comme les arts, le costume ou la langue, qui différencient une société d'une autre.

1 Aujourd'hui, quels sont les éléments qui font partie de la culture québécoise ? Nommes-en trois.

1) ....

2) ....

3) ....

RÉALISATION

Du champ à la table

Tout comme au 17e siècle, le pain est la base de l'alimentation en Nouvelle-France. Le blé est transformé en farine au moulin. Avec cette farine, on prépare le pain, cuit dans une marmite en fer au-dessus d'un feu ou dans un four extérieur. Le beurre est fabriqué en brassant de la crème salée dans une baratte de bois. Les femmes sont chargées de préparer le pain et les repas pour toute la famille.

Vers 1745, les Français qui vivent dans la vallée du Saint-Laurent se nomment « Canadiens ». Ils s'adaptent à leur territoire et forment une société différente de la société française. Cela peut se voir par ce qu'ils mangent et comment ils s'habillent.

La cuisson au four. ———○

Le porc est sur toutes les tables.
Les œufs, le petit gibier et le
poisson complètent le menu.
Le potager fournit les légumes,
et le sous-bois offre des petits
fruits sauvages, qui servent
entre autres à garnir les tartes.

Les aliments sont conservés grâce
au séchage, au fumage et à la
salaison. La salaison consiste
à placer la viande ou le poisson
dans un tonneau d'eau salée.
L'hiver, on profite du froid
pour faire congeler les aliments.
Les Canadiens conservent les
fruits et les légumes au frais
en les entreposant dans un **caveau**.

Caveau : petite cave
aménagée directement
dans le sol.

La cuisine d'une famille d'agriculteurs vers 1745.

Chez les bourgeois

Les habitants de la vallée
du Saint-Laurent qui ont
les revenus les plus élevés
peuvent se procurer certains
aliments importés, comme
du café, des fruits secs et
du chocolat. L'intérieur des
maisons est plus luxueux.
Les familles bourgeoises
servent les repas dans un
service en argenterie et font
usage de linge de table, comme
des nappes et des serviettes.

L'intérieur d'une maison bourgeoise.

2 **a)** Nomme l'aliment de base des colons au 18ᵉ siècle. ....

b) Dessine les deux modes de cuisson de cet aliment.

3 À cette époque, le réfrigérateur n'existait pas, il fallait conserver les aliments de différentes façons. Nomme trois méthodes de conservation.

1) ....

2) ....

3) ....

4 **a)** Explique une de ces méthodes de conservation.

....

....

....

b) Nomme une façon actuelle de conserver les aliments.

....

5 Qu'est-ce qui différencie les cuisines bourgeoises des cuisines paysannes ?

....

....

Les habits du peuple

En Nouvelle-France, on utilise pour les costumes de la classe populaire des tissus fins ou grossiers faits de coton ou de laine.

Basque : partie inférieure du vêtement, de forme plus ou moins évasée selon la mode.

Bonnet piqué : bonnet matelassé.

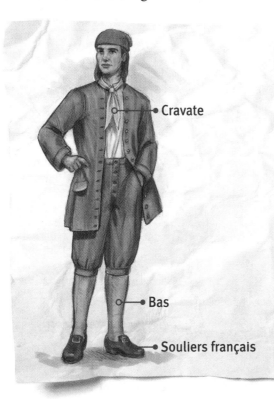

Cravate

Bas

Souliers français

Homme

Les cheveux sont portés longs et naturels couverts d'une tuque, rouge le plus souvent.

La chemise de coton blanc a un col et des poignets boutonnés.

L'homme porte une veste à manches en lainage boutonnée devant. Elle a des **basques** et des poches.

La culotte est faite de lainage.

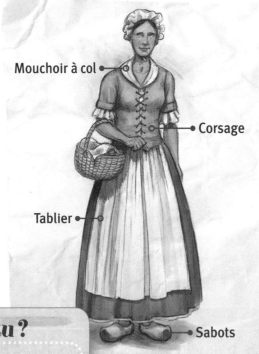

Mouchoir à col

Corsage

Tablier

Sabots

Femme

Un **bonnet piqué** couvre les cheveux et se noue sous le menton.

La chemise blanche en coton a une encolure dégagée et des manches courtes. Elle est recouverte d'un corsage.

La jupe, portée sur un jupon, est longue, ample et faite de lainage.

On chausse des souliers français ou des sabots de bois.

Savais-tu ?

Dans toutes les classes de la société, après six ans, les enfants sont vêtus comme les adultes.

Les beaux atours

Les **bourgeois** et les **nobles** appartiennent à des classes sociales plus fortunées. Leurs vêtements sont en soie, en velours ou taillés dans de très beaux lainages. Comparés aux habits de la classe populaire, ils sont plus colorés.

Homme

Le chapeau à trois gouttières est orné de plumes. Le port de la perruque est très en vogue, tout comme celui de la canne et des gants.

La chemise est blanche et faite de toile fine. Elle est ornée d'un **jabot** et de manchettes.

La veste à manches est chargée de broderies et de galons. On porte par-dessus un justaucorps très ornementé.

La culotte est taillée dans un tissu riche. Elle est fermée et agrémentée de jolis boutons de métal.

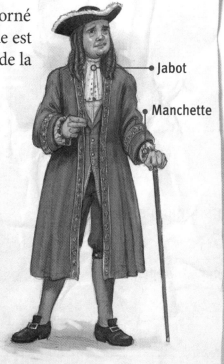

Jabot

Manchette

Bourgeois : personne de condition aisée qui possède des biens.

Noble : personne de condition aisée qui possède de nombreux privilèges grâce à sa famille ou à la faveur du roi.

Jabot : ornement de dentelle qui s'étale sur la poitrine.

À la Fontange : cheveux frisés sur le front. À l'arrière, ils sont ramassés en chignon et couverts d'un bonnet. De gros plis de dentelle se dressent au-dessus du front.

Engageante : garniture en dentelle en forme d'entonnoir, qui orne le bas des manches.

Femme

La coiffure est **à la Fontange**.

La tenue s'agrémente parfois d'un éventail, d'une ombrelle et de gants.

La chemise est blanche, faite de toile fine et ornée de dentelle à l'encolure. Elle est aussi garnie d'**engageantes**.

La jupe est lourdement ornée de plissés et d'appliques.

Les bas sont en soie et les souliers, recouverts d'un riche tissu.

Manteau de robe

6 **a)** Décris les vêtements masculins.

	Hommes du peuple	Bourgeois et nobles
Coiffure		
Chemise		
Culotte		

b) Décris les vêtements féminins.

	Femmes du peuple	Bourgeoises et nobles
Coiffure		
Chemise		
Jupe		

7 Compare l'habillement de la femme du peuple vers 1645 et vers 1745.
Que remarques-tu? Coche ta réponse.

a) Les vêtements n'ont pas vraiment changé.
Ils sont toujours confectionnés dans les mêmes tissus. ☐

b) Les vêtements ont beaucoup changé et se rapprochent
de ceux que portent les Amérindiens. ☐

L'église s'organise

En 1659, **monseigneur** François de Laval arrive à Québec pour organiser l'Église canadienne. À l'époque, les prêtres sont peu nombreux. Afin de remédier à cette difficulté, monseigneur Laval fonde le Grand Séminaire de Québec. C'est une école où l'on forme de nouveaux prêtres. Pour assurer un revenu à ses prêtres, monseigneur Laval oblige les colons à payer un impôt, la dîme. Il établit aussi des **paroisses**. Au fur et à mesure que le pays se peuple, la paroisse devient un lieu important dans la vie des habitants. Au fil des ans, on construira une église dans chaque paroisse.

François de Laval se préoccupe de l'éducation. Il crée le Petit Séminaire de Québec pour l'instruction des garçons, ainsi que l'École d'Arts et Métiers. On y forme des peintres, des sculpteurs et des artisans du bâtiment.

Premier évêque de la colonie, François de Laval est un homme généreux, qui donne énormément de temps et d'argent aux colons. Épuisé par son travail, celui qu'on surnomme « le père de l'Église canadienne » meurt le 6 mai 1708.

Au 18e siècle, les communautés religieuses continuent d'offrir l'enseignement aux enfants de la colonie et de soigner les malades. Elles s'occupent aussi des plus démunis, comme les vieillards, les handicapés et les orphelins. Les Jésuites poursuivent leur mission d'évangélisation auprès des Amérindiens.

Monseigneur : titre donné aux évêques.

Paroisse : territoire sous la responsabilité d'un prêtre, appelé curé.

Savais-tu ?

À l'époque de la Nouvelle-France, la dîme est un impôt versé à l'Église en produits de la ferme. Sur vingt-six poches de grains produites, l'habitant doit en remettre une au curé.

L'église de la Purification, Repentigny, 18e siècle.

8 Complète l'organigramme suivant en indiquant le nom et la vocation de chacune des écoles fondées par François de Laval.

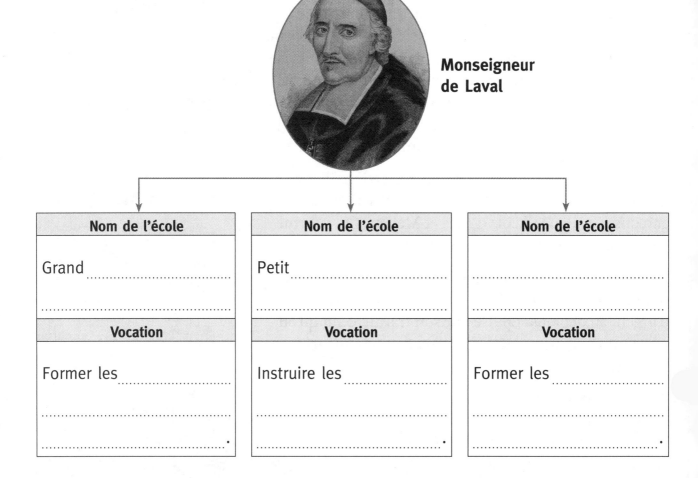

Monseigneur de Laval

Nom de l'école	Nom de l'école	Nom de l'école
Grand	Petit	....
Vocation	**Vocation**	**Vocation**
Former les	Instruire les	Former les ....

9 À part ses œuvres d'éducation, donne une autre réalisation de François de Laval.

....

....

....

10 Parmi les phrases suivantes, raye celle qui est fausse.

Voici les rôles joués par les communautés religieuses :

a) Soigner les malades et construire de nouveaux hôpitaux.

b) Offrir l'enseignement aux enfants de la colonie.

c) Poursuivre l'évangélisation des Amérindiens.

d) Offrir l'enseignement aux vieillards et aux handicapés.

Trésors de la colonie

Le principal client des artisans de Nouvelle-France au 18ᵉ siècle est l'Église. Les nouvelles églises doivent être meublées et décorées. Les portes, les boiseries, les statuettes et les **autels** sont sculptés et peints à la main.

La plupart des objets précieux en or, en argent ou en étain sont produits par des orfèvres français. Quelques ateliers de la colonie fabriquent des vases sacrés pour l'Église ou des ustensiles d'argent pour des clients riches. On produit aussi de petits ornements destinés aux échanges dans la traite des fourrures.

● Ange à la trompette.

Autel : table autour de laquelle le prêtre célèbre la messe.

● Broderie.

● Calice en argent.

Savais-tu ?

Durant les longs mois d'hiver, les femmes tressent la paille de blé en longs rubans. Elles les cousent ensemble pour faire de magnifiques chapeaux.

L'art de la broderie rapporte un revenu intéressant aux religieuses. Les Ursulines de Québec en sont spécialistes. Elles brodent des vêtements et des tissus que les prêtres portent lors des cérémonies religieuses. Leurs travaux aux fils d'or, d'argent et de soie sont de véritables peintures faites à l'aiguille !

Savais-tu ?

Plusieurs sculptures, broderies et objets d'orfèvrerie du 18ᵉ siècle se trouvent aujourd'hui dans les églises et les musées du Québec.

Des fêtes et des jeux

Les Canadiens vivent au rythme des saisons et des traditions françaises de leurs ancêtres. Plusieurs fêtes sont religieuses, comme celles de Noël, de Pâques ou de la Saint-Jean-Baptiste. D'autres célèbrent un moment important, comme le jour de l'An.

Les traditions du temps des sucres et de l'épluchette de blé d'Inde sont nées dans la colonie. Ces moments d'entraide et de réjouissance rythment la vie souvent difficile des colons. L'épluchette est une **corvée** lors de laquelle la famille et les voisins se réunissent au début de l'automne pour éplucher la réserve de maïs d'un habitant.

Les Canadiens savent se divertir. Après les travaux de la ferme, les enfants s'amusent sur des balançoires et jouent à cache-cache. Ils aiment aussi jouer au cerceau et à la poupée, ou encore avec des soldats et des chevaux de bois. En hiver, comme il y a moins de travail, les adultes organisent des soirées. On danse, on chante, on joue aux cartes ou on écoute les bonnes histoires d'un conteur.

Corvée : travail gratuit pour le seigneur ou pour un voisin.

Une épluchette de blé d'Inde.

11 Complète les phrases suivantes à l'aide de la banque de mots.

- **Ursulines**
- **argent** (2 fois)
- **boiseries**
- **Église**
- **aiguille**
- **français**
- **or** (2 fois)
- **statuettes**
- **artisans**
- **précieux**
- **peintures**
- **étain**
- **fils**
- **autels**
- **soie**
- **main**
- **broderie**

a) Au 18ᵉ siècle, l'.............................. achète les œuvres des ....

de la Nouvelle-France.

b) Plusieurs objets, comme les ...., les ....

ou les ...., sont peints à la ....

c) Les objets .... fabriqués dans des métaux comme l'..............................,

l'.............................. ou l'.............................. proviennent des orfèvres ....

d) La .... est une spécialité des .... de Québec.

e) Leurs travaux, qui nécessitent l'utilisation de .... d'..............................,

d'.............................. ou de .... , ressemblent à des ....,

mais faites à l'...............................

12 Illustre une fête ou une tradition de la Nouvelle-France. Coche ton choix.

Une soirée hivernale en famille. ☐   Noël. ☐   Pâques. ☐
Le temps des sucres. ☐   Jour de l'An. ☐

Nom : .... Date : ....

13 Pour chaque élément du tableau, indique une trace laissée par la société canadienne en Nouvelle-France.

Éléments de la culture	Dans la société canadienne au 18ᵉ siècle	Dans la société canadienne aujourd'hui
Alimentation	Pain, porc, œufs ; petit gibier, poisson ; légumes, petits fruits.	....
Habillement		....
Arts		....
Religion	On établit des paroisses et des églises sont construites dans les villages le long de la vallée du Saint-Laurent.	....
Coutumes et fêtes		....

TRACES

Complète les énoncés ci-dessous
et trouve les mots cachés dans la grille.

T	R	I	A	N	G	U	L	A	I	R	E
E	X	P	L	O	R	A	T	E	U	R	S
G	O	U	V	E	R	N	E	U	R	C	C
A	N	A	D	F	P	I	E	R	R	E	E
M	O	N	T	R	E	A	L	I	E	N	N
N	M	A	N	O	I	R	E	C	Y	H	S
J	I	E	T	N	A	D	N	E	T	N	I
E	U	Q	U	T	M	O	U	L	I	N	T
F	I	L	L	E	S	D	U	R	O	Y	A
B	P	G	U	N	C	A	V	E	A	U	I
K	L	E	N	A	I	S	I	U	O	L	R
R	G	E	S	C	Q	U	E	B	E	C	E

1) Région de la Nouvelle-France la plus au sud. ....

2) Jeunes filles orphelines envoyées en Nouvelle-France pour se marier.
....

3) Dans une seigneurie, là où l'on moud le grain. ....

4) Habitation du seigneur.
....

5) Il reçoit une terre du seigneur.
....

6) Matériau utilisé pour construire les maisons à la ville. ....

7) Il commande l'armée et la milice en Nouvelle-France. ....

8) Il gère le budget de la colonie et s'occupe du maintien de l'ordre.
....

9) Ils voyagent et découvrent les ressources du territoire.
....

10) Gouverneur de la Nouvelle-France qui a repoussé l'amiral Phipps et les troupes anglaises.
....

11) Céréale cultivée en Nouvelle-France.
B
....

12) Capitale administrative de la Nouvelle-France. ....

13) Ville du commerce de la Nouvelle-France. ....

14) Type de commerce organisé par Talon entre la France, la Nouvelle-France et les Antilles. ....

15) On y dépose des légumes et des fruits pour les garder au frais. ....

16) Bonnet souvent de couleur rouge, que l'on porte encore aujourd'hui.
....

Avec les premières lettres qui restent dans la grille, forme un mot et complète la phrase suivante.

La société ....
est établie le long du Saint-Laurent au milieu du 18ᵉ siècle.

ESCALE 4

Les Treize colonies vers 1745

1607
Arrivée des premiers colons anglais en Virginie

1619
Arrivée des premiers esclaves noirs en Virginie

1620
Arrivée des premiers colons au Massachusetts

1636
Fondation de l'université Harvard

1600   1650   1700

PROJET

Jeu d'espion!

Imagine que tu deviens une espionne ou un espion pour le roi George II d'Angleterre. Au milieu du 18e siècle, une guerre se prépare entre la Nouvelle-France et les Treize colonies. On te charge de communiquer des renseignements essentiels à ton roi afin qu'il puisse élaborer des stratégies militaires.

Afin de bien accomplir cette mission, compare l'immense colonie française d'Amérique du Nord et les Treize colonies selon les aspects suivants:

- le territoire occupé;
- la population;
- les activités économiques;
- les forces militaires.

Présente ton rapport au roi George II sous la forme qui te convient. Cela peut être un tableau, de courts textes, etc.

1731
Ouverture de la première bibliothèque publique

1776
Déclaration d'Indépendance des États-Unis

1750

1800

L'Angleterre et la France en Amérique du Nord

Quelles sont les différences importantes entre les sociétés des Treize colonies et celle de la Nouvelle-France vers 1745 ?

PRÉPARATION 1

a) Observe ces vignettes illustrant quelques aspects de la vie dans les Treize colonies et en Nouvelle-France.

b) À l'aide de tes connaissances, place les numéros de vignette sous le nom des bonnes colonies.

Le territoire et le peuplement

Au 17ᵉ et au 18ᵉ siècle, des colonies anglaises sont fondées le long de la côte atlantique. Vers 1745, elles portent le nom « Treize colonies ». La Nouvelle-France se situe au nord des Treize colonies, et la colonie de la Floride, au sud. Les colonies anglaises se divisent en trois régions : les colonies du Nord ou Nouvelle-Angleterre, les colonies du centre et les colonies du Sud.

Vers 1745, le territoire de la Nouvelle-France est immense. Il comprend trois régions : l'Acadie, le Canada et la Louisiane.

L'arrivée des premiers colons en Virginie en 1607.

En 1607, un premier groupe de colons débarque en Amérique et fonde la Virginie. En 1620, un deuxième groupe s'installe plus au nord, dans ce qui devient la colonie du Massachusetts. Par la suite, d'autres colons partent d'Europe et traversent l'océan Atlantique pour s'établir dans les Treize colonies. Ces gens quittent l'Angleterre, la Hollande, la Suède, l'Irlande, l'Écosse, l'Allemagne et la France afin d'échapper aux conflits armés et à la pauvreté. Repoussés vers l'ouest, les peuples amérindiens de la côte atlantique voient leur vie bouleversée.

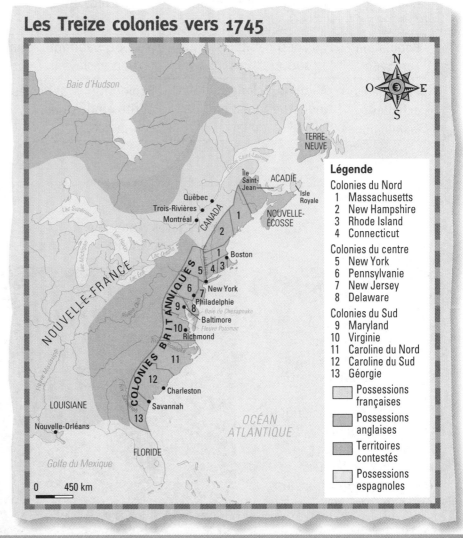

Les Treize colonies vers 1745

Légende

Colonies du Nord
1 Massachusetts
2 New Hampshire
3 Rhode Island
4 Connecticut

Colonies du centre
5 New York
6 Pennsylvanie
7 New Jersey
8 Delaware

Colonies du Sud
9 Maryland
10 Virginie
11 Caroline du Nord
12 Caroline du Sud
13 Géorgie

Possessions françaises

Possessions anglaises

Territoires contestés

Possessions espagnoles

0   450 km

Le territoire des Treize colonies s'étend sur près de 2000 kilomètres du nord au sud. Les régions des Treize colonies sont bien différentes.

	Colonies du Nord	Colonies du centre	Colonies du Sud
Relief	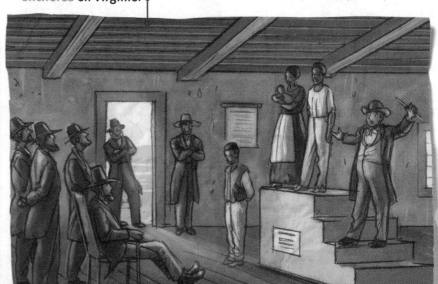		
Végétation	Montagnes : forêt de conifères (pin, sapin). Vallées : forêt de feuillus (bouleau, érable, hêtre).	Montagnes : forêt de conifères. Plaines : forêt de feuillus (châtaignier, chêne).	Montagnes : forêt mixte (pin, chêne). Plaines : forêt de pins, forêt marécageuse (cèdre, magnolia, cyprès).
Climat	Continental humide : hiver froid, été chaud.	Continental humide : hiver froid, été chaud.	Subtropical humide : hiver doux, été très chaud.
Population vers 1760	495 000 habitants, dont 17 000 esclaves.	410 000 habitants, dont 29 000 esclaves.	735 000 habitants, dont 281 000 esclaves.
Principales activités économiques	Moulins, scieries, industrie forestière, pêche, commerce.	Exploitations agricoles, petites industries, commerce.	Grandes plantations, culture de légumes, commerce.

Esclave : personne privée de sa liberté, au service d'un maître ou d'une maîtresse.

Enchère : vente publique.

Des esclaves vendus aux enchères en Virginie.

Savais-tu ?

Dans les Treize colonies, on s'exprime surtout en anglais. Cette langue s'impose naturellement. Cependant, au 18e siècle, l'anglais parlé en Amérique s'enrichit de mots amérindiens (toboggan, mocassin), hollandais (boss, cookie) et français (portage, prairie).

POPULATIONS DE LA NOUVELLE-FRANCE ET DES TREIZE COLONIES		
Date	Nouvelle-France	Treize colonies
1660	± 2 500	7 500
1700	16 000	250 000
1740	44 000	905 000
1760	64 000	1 600 000

La population des Treize colonies augmente plus rapidement que celle de la Nouvelle-France. Cette augmentation s'explique par l'arrivée d'immigrants et d'esclaves et les nombreuses naissances.

Au courant du 18ᵉ siècle, quelque 300 000 esclaves originaires d'Afrique sont emmenés de force dans les Treize colonies. Vers 1745, ils travaillent principalement sur les terres agricoles des colonies du Sud.

page 8

2 Complète la carte ci-contre.

a) Colorie les trois régions des Treize colonies avec trois couleurs.

b) Complète la légende.

c) Identifie chacune des Treize colonies en inscrivant les numéros au bon endroit sur la carte.

d) Donne un titre à ta carte.

Titre : ....

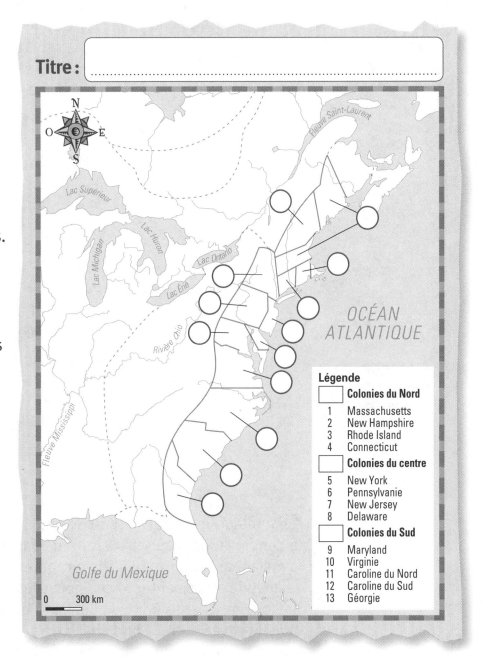

Légende

Colonies du Nord
1 Massachusetts
2 New Hampshire
3 Rhode Island
4 Connecticut

Colonies du centre
5 New York
6 Pennsylvanie
7 New Jersey
8 Delaware

Colonies du Sud
9 Maryland
10 Virginie
11 Caroline du Nord
12 Caroline du Sud
13 Géorgie

3 **a)** Associe chaque description à la bonne région. Sur la carte, écris les lettres dans le cercle approprié.

b) Surligne les passages des textes qui t'ont servi d'indices.

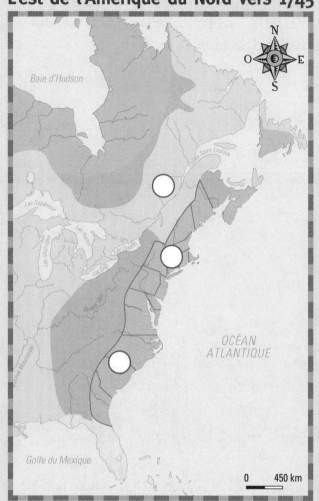

L'est de l'Amérique du Nord vers 1745

A

J'ai quitté la maison pour aller couper du bois dans une superbe forêt d'érables et de hêtres. Je sais qu'on a besoin de personnel à la nouvelle scierie près de la rivière. J'espère me trouver du travail. Sinon, j'irai vers le port de pêche le plus proche.

B

Hier, j'ai fait abattre quelques cèdres non loin de ma maison, dans une forêt marécageuse. Il faisait tellement chaud que j'ai laissé mes esclaves sauter dans la rivière pour se rafraîchir. À la fin de la journée, ma femme et moi avons participé à un souper offert par le propriétaire de la plantation voisine. C'était délicieux !

C

Aujourd'hui, il y avait de nouvelles jeunes filles à l'école de la congrégation. Leurs parents viennent de s'installer dans la vallée du Saint-Laurent. Ils ont obtenu une terre dans une seigneurie avoisinante. Si ces nouvelles familles ont besoin de soutien, il reste à la communauté bien des légumes frais dans le caveau, et du lard salé. Les autres religieuses et moi pourrons leur préparer un panier de provisions bien garni.

L'organisation politique

Vers 1745, chacune des Treize colonies a son propre gouvernement. Elles sont dirigées par un gouverneur choisi par le roi ou par les propriétaires de la colonie. Le gouverneur est assisté par un conseil, formé de riches marchands ou propriétaires. Ce conseil commande la milice, et nomme les juges et les shérifs.

On retrouve également dans chaque colonie une Assemblée élue par la population. Elle joue un rôle politique très important. L'Assemblée contrôle le budget de la colonie. Ce type d'assemblée, qui n'existe pas en Nouvelle-France, peut même s'opposer aux décisions du gouverneur.

Vers 1745, la Nouvelle-France, une colonie royale, est administrée par un gouverneur et un intendant nommés par le roi de France. Ils habitent à Québec, la capitale administrative de la colonie.

L'Assemblée élue

Le gouverneur de la colonie

Shérif : personne responsable de l'application de la loi dans une localité.

Savais-tu ?

Il existe aussi des assemblées dans les villages. Les gens de la localité se réunissent dans des *meeting houses*. On y prend des décisions concernant l'éducation, la police, la distribution des terres ou l'entretien des routes. Pour être adoptées, les décisions doivent être votées à l'unanimité. Les *meeting houses* peuvent également servir d'école et d'église.

Une *meeting house* dans le Rhode Island.

Benjamin Franklin (1706-1790)

Benjamin Franklin est sans doute le personnage le plus célèbre de l'histoire américaine. Il est né à Boston en 1706 dans une famille modeste. À l'âge de 17 ans, il se rend à Philadelphie puis à Londres pour travailler comme imprimeur. De retour dans la colonie, il ouvre sa propre imprimerie et s'implique dans le développement de Philadelphie. On lui doit les premières rues pavées, le premier service de pompiers et la première bibliothèque publique des colonies. Homme de science, il s'intéresse aux phénomènes électriques et invente le paratonnerre. Franklin se mêle aussi de politique. Dans les années 1750, il propose la réunion des Treize colonies. Vingt ans plus tard, il est l'un des auteurs de la déclaration d'Indépendance des États-Unis. Il meurt à Philadelphie à l'âge de 84 ans.

Vers la fin du 17ᵉ siècle, les Français et les Anglais d'Amérique du Nord se disputent sans cesse de nouveaux territoires. C'est ce qu'on appelle les guerres intercoloniales.

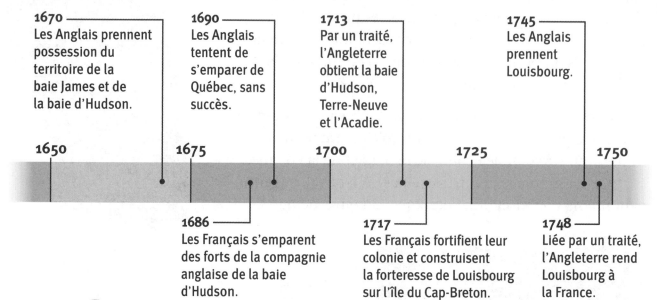

1670
Les Anglais prennent possession du territoire de la baie James et de la baie d'Hudson.

1690
Les Anglais tentent de s'emparer de Québec, sans succès.

1713
Par un traité, l'Angleterre obtient la baie d'Hudson, Terre-Neuve et l'Acadie.

1745
Les Anglais prennent Louisbourg.

1650   1675   1700   1725   1750

1686
Les Français s'emparent des forts de la compagnie anglaise de la baie d'Hudson.

1717
Les Français fortifient leur colonie et construisent la forteresse de Louisbourg sur l'île du Cap-Breton.

1748
Liée par un traité, l'Angleterre rend Louisbourg à la France.

Un soldat anglais.

Les Treize colonies n'ont pas d'armée régulière. Chacune dispose d'une milice souvent mal entraînée pour intervenir en cas de conflit. En revanche, le gouvernement anglais croit en l'avenir de ses colonies et développe sa marine de guerre. Au 18ᵉ siècle, les Treize colonies ont l'appui de l'imposante flotte anglaise.

Savais-tu ?

Il n'était pas rare que les Français et les Anglais utilisent leurs alliés amérindiens comme espions ou éclaireurs.

Les marines de guerre en 1755

Flotte anglaise   Flotte française

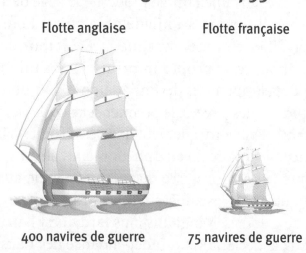

400 navires de guerre   75 navires de guerre

4 Colorie la pastille en bleu si l'illustration se rapporte à la Nouvelle-France et en rouge si elle se rapporte aux Treize colonies.

a) Un lieu d'assemblée ou *meeting house*.

c) Une vente d'esclaves.

b) L'intendant.

d) Le gouverneur et l'Assemblée élue.

5 Pour quelle raison les Anglais et les Français se font-ils la guerre en Amérique du Nord?

....

6 Coche les territoires que les Anglais et les Français se disputent dans la première moitié du 18e siècle.

a) Acadie. ☐   d) Louisiane. ☐

b) Baie d'Hudson. ☐   e) Terre-Neuve. ☐

c) Floride. ☐   f) Vallée de la rivière Ohio. ☐

7 D'après toi, est-ce la Nouvelle-France ou les Treize colonies qui ont l'avantage militaire? Justifie ta réponse en une phrase.

....

....

Hydraulique :
fourni par les
chutes et les
cours d'eau.

Métallurgie :
procédé de
fabrication
des métaux.

Les activités économiques

L'économie des Treize colonies repose sur une grande variété d'activités économiques. La Nouvelle-France, de son côté, dépend principalement de ses exportations de fourrures vers la France. Les Treize colonies font du commerce avec l'Angleterre, mais les échanges à l'intérieur des colonies sont nombreux.

Dans les colonies du Nord

Les terres de Nouvelle-Angleterre sont rocailleuses. L'agriculture y est donc peu développée. Cette région exploite davantage ses ressources hydrauliques et forestières. On construit des moulins pour moudre la farine et des scieries pour couper le bois. Ces installations sont actionnées par le débit des rivières. Le bois est exporté ou il sert à la construction de bateaux dans les chantiers navals. L'industrie de la pêche est très importante, surtout celle à la baleine. Afin de conserver le poisson, on construit des saloirs et des fumoirs près des ports de pêche.

Dans les colonies du centre

On surnomme les colonies du centre les « colonies du pain ». Les colons y font de l'élevage, mais cultivent surtout le blé. Les ateliers des artisans s'agrandissent et forment de petites industries où l'on transforme les ressources naturelles de la région. L'ébénisterie, la métallurgie et la chapellerie répondent aux besoins de la population locale. Les surplus sont exportés vers les Antilles et l'Angleterre.

Savais-tu ?

À la limite ouest du territoire, les colons des colonies du Nord pratiquent le commerce des fourrures avec les Amérindiens. On troque surtout des fusils, des munitions, des couvertures et du rhum.

Un moulin dans
le Rhode Island.

Encore aujourd'hui, la pêche au thon se pratique sur les côtes de la Nouvelle-Angleterre.

Encore aujourd'hui, l'industrie métallurgique est très importante en Pennsylvanie.

Dans les colonies du Sud

L'activité économique principale dans les colonies du Sud est l'agriculture. On y cultive le tabac, le riz et l'indigotier. Les planteurs possèdent de grandes terres agricoles. Les immenses champs sont cultivés par des ouvriers agricoles et de nombreux esclaves. Les récoltes sont destinées à l'exportation vers l'Angleterre.

Vers 1745, le travail dans une plantation de tabac.

Aujourd'hui encore, la culture du tabac occupe une grande place dans l'agriculture en Caroline du Sud.

Indigotier : plante dont on extrait l'indigo, une teinture bleue.

Corset : sous-vêtement qui moule le ventre et la taille.

Le commerce triangulaire

Comme en Nouvelle-France, les Treize colonies mettent sur pied un commerce triangulaire avec les Antilles anglaises et l'Angleterre. Les navires prennent aussi la route de l'Afrique, où l'on échange des biens produits aux Antilles, comme le rhum, contre des esclaves.

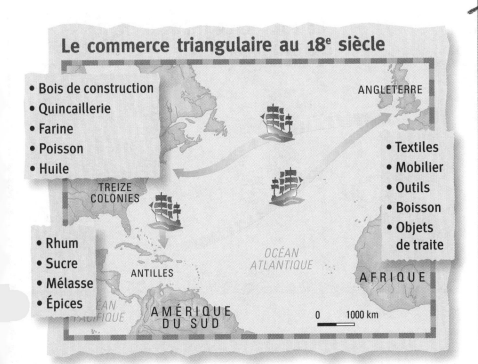

Le commerce triangulaire au 18e siècle

- Bois de construction
- Quincaillerie
- Farine
- Poisson
- Huile

ANGLETERRE

- Textiles
- Mobilier
- Outils
- Boisson
- Objets de traite

TREIZE COLONIES

- Rhum
- Sucre
- Mélasse
- Épices

ANTILLES

OCÉAN ATLANTIQUE

AFRIQUE

AMÉRIQUE DU SUD

0   1000 km

Savais-tu ?

Au 18e siècle, la baleine est essentielle à l'économie des Treize colonies. Son huile sert à fabriquer le savon et à s'éclairer. On l'utilise aussi dans la fabrication des chandelles et en parfumerie. Les fanons de la baleine servent à confectionner les corsets des dames.

Fanons

8 Remplis la pyramide en te servant des indices donnés dans les phrases ci-après.

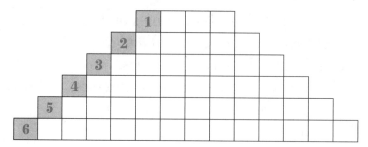

1) Céréale la plus cultivée dans les colonies du centre ou « colonies du pain ».

2) Celle au thon se fait encore aujourd'hui en Nouvelle-Angleterre.

3) On en construit pour moudre la farine.

4) L'économie de la Nouvelle-France repose sur l'exploitation de celles-ci.

5) Ces plantes sont cultivées dans les plantations des colonies du Sud.

6) On y construit des bateaux.

9 Observe les cartes du commerce triangulaire de la Nouvelle-France et des Treize colonies. Que remarques-tu?

....

....

....

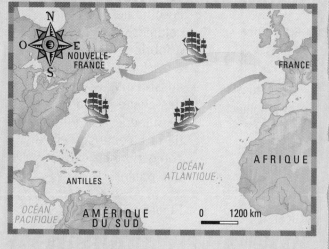

Le commerce triangulaire sous Jean Talon

Le commerce triangulaire au 18ᵉ siècle

Nom : .... Date : ....

La religion

Dans les Treize colonies, il existe diverses pratiques religieuses. Les protestants forment le groupe le plus nombreux. On retrouve aussi des juifs et des catholiques. Vers 1745, beaucoup d'esclaves et d'Amérindiens ont conservé leurs croyances traditionnelles.

Les protestants sont des chrétiens qui ont quitté l'Église catholique. Ils se divisent en plusieurs groupes. Les plus connus dans l'histoire des Treize colonies sont sans doute les puritains de Nouvelle-Angleterre. Tous les dimanches, ils se rencontrent dans un temple, chantent des **hymnes** religieux et écoutent de longs **sermons** basés sur les textes de la Bible. Les quakers forment un groupe important en Pennsylvanie. Dans les colonies du Sud, les anglicans sont très nombreux.

Savais-tu ?

En Nouvelle-Angleterre, le dimanche est consacré à Jésus-Christ : interdiction de danser, de jouer et de voyager. Les **tavernes** ferment. Dans les colonies du Sud, c'est un jour de repos et de divertissement.

Un pasteur s'adressant à sa communauté.

En Nouvelle-France, la religion officielle est la religion catholique. Le chef de l'Église catholique en Nouvelle-France est l'évêque. Il habite à Québec et s'occupe de toutes les paroisses de la colonie. L'évêque reçoit ses directives du pape, qui réside à Rome.

Taverne : commerce où l'on sert à manger et à boire.

Hymne : chant religieux.

Sermon : discours religieux.

La célébration du *Thanksgiving* en Nouvelle-Angleterre.

Chez les protestants, le pasteur s'occupe de la pratique religieuse. Au service de la communauté, il veille à l'éducation religieuse des enfants et des adultes. À l'opposé du prêtre catholique, le pasteur peut se marier et avoir des enfants.

Au milieu du 18e siècle, certains pasteurs se préoccupent des plus démunis et deviennent missionnaires auprès des Amérindiens et des esclaves. Les premières églises organisées par des Noirs apparaissent.

Dans les Treize colonies, les fêtes et les rassemblements sont souvent de nature religieuse. Par exemple, on célèbre le *Thanksgiving*, en français «Action de grâces», pour remercier Dieu des récoltes de l'été.

Du Nord au Sud, des modes de vie différents

En Nouvelle-Angleterre, les hommes se rendent dans les *meeting houses*, où ils discutent des affaires publiques. Ces rassemblements permettent à la population de décider de la construction d'une école ou d'une bibliothèque publique. En 1745, il existe déjà cinq bibliothèques publiques dans les Treize colonies.

Dans les colonies du Sud, les riches planteurs organisent des bals où l'on invite les familles des planteurs voisins. Pendant l'été, les gens du sud quittent la plantation pour aller en ville parce qu'il y a moins de moustiques. Ils en profitent pour aller au théâtre ou au concert.

En Nouvelle-France, des communautés religieuses administrent l'éducation. Les écoles se trouvent principalement à Montréal, à Trois-Rivières et à Québec. Une des écoles les plus prestigieuses est le Grand Séminaire de Québec, où l'on forme des prêtres.

Une soirée de bal en Virginie au début du 18e siècle.

10 Remplis le tableau suivant.

	Treize colonies	Nouvelle-France
Religion principale	....	....
Responsable de la vie religieuse des colons	....	....

11 Qui fait quoi? Fais des X dans les cases appropriées.

	Pasteur protestant	Prêtre catholique
a) Il s'occupe de la pratique religieuse.		
b) Jésuite, il part évangéliser les Amérindiens des Grands Lacs.		
c) Il veille à l'éducation religieuse des colons.		
d) Il peut se marier et avoir des enfants.		
e) Il rencontre les croyants dans un temple et leur fait de longs sermons.		

12 Que peux-tu dire de l'importance accordée à l'éducation dans les colonies du Nord ?

....

....

....

INTÉGRATION

13 Complète le tableau comparatif des sociétés de la Nouvelle-France et des Treize colonies vers 1745.

	Nouvelle-France	Treize colonies
Territoire	Très grand. Beaucoup de ressources. Population concentrée dans la vallée du Saint-Laurent.	....
Administration	....	....
Population en 1740 (nombre et origine)	Surtout d'origine française. Plus de 3000 esclaves.	D'origines diverses, majoritairement d'Angleterre. ....
Activités économiques	Développement économique basé sur	Développement économique diversifié. Donne deux exemples : ....
Religion	....	....

TRACES

Nom :   Date :

Associe les phrases suivantes à la bonne région. Écris la lettre vis-à-vis de la bonne carte. Une même lettre peut servir dans plus d'une région.

a) L'été, le climat est très chaud et très humide.

b) Les pratiques religieuses sont variées.

c) L'intendant s'occupe du peuplement.

d) Les esclaves représentent la majorité des travailleurs agricoles.

e) Le territoire est immense, mais peu peuplé.

f) On se réunit dans des *meeting houses* pour discuter et pour prendre des décisions sur les affaires publiques.

g) L'éducation est confiée à des communautés religieuses.

h) Le commerce des fourrures est le moteur de l'économie.

i) On les appelle aussi les « colonies du pain ».

j) L'exploitation de la forêt et la pêche à la baleine y sont les principales activités économiques.

k) Dans cette région, la métallurgie est une activité importante.

La Nouvelle-France

1)
....
....
....
....
....

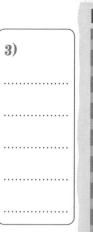

Les colonies du Nord

2)
....
....
....
....

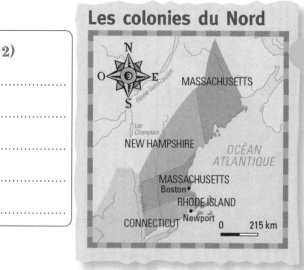

Les colonies du centre

3)
....
....
....
....
....

Les colonies du Sud

4)
....
....
....
....

CRÉDITS PHOTOGRAPHIQUES

H Haut   B Bas   G Gauche   M Milieu   D Droite

Couverture © Le *Jean Bart*, Association Tourville
3 M © Artville ; **B** © 2011, Photos.com, a division
of Getty Images. 106511453   **4** © 2011, Photos.com,
a division of Getty Images. 106511453   **10** © 2011,
Shutterstock Images LLC 44157070   **16** © Megapress.
ca   **17** © Megapress.ca   **23** HM © 2011, Photos.com,
a division of Getty Images. 87577422 ; HG © 2011,
Photos.com, a division of Getty Images. 92842413 ;
M © 2011, Photos.com, a division of Getty Images.
105704565 ; MG © 2011, Photos.com, a division of
Getty Images. 108587657 ; HD © 2011, Shutterstock
Images LLC 11688478 ; HD © 2011, Shutterstock
Images LLC 61053184 ; MD © 2011, Shutterstock
Images LLC 36404860 ; MD © 2011, Shutterstock
Images LLC 19480411   **26** G Domaine public ;
M © 2011, Shutterstock Images LLC 275922
27 © iStockphoto.com/Murphy Shewchuk
28 HG © BAC/C-005136 ; MG © BAC/C-011226 ;
MD © BAC/C-011050   **32** H © 2011, Shutterstock
Images LLC 59435893 ; M 71772568 ; B 3381692
33 H © 2011, Shutterstock Images LLC 13979845
35 © 2011, Photos.com, a division of Getty Images.
92848305   **37** © Musée Ursulines   **39** M Musée
de la civilisation. Collection du Séminaire de
Québec, Champlain's Habitation. William Harvey
Sadd. Non daté. Reproduction d'une peinture.
1993. 15886 ; H © 2011, Shutterstock Images
LLC 11571670   **40** © BAC/C-e010774131-v8
42 © BAC/C-003921   **44** © Musée Pointe-à-Callière,
Montréal, photo: Michel Brunelle   **45** © Point
du Jour Aviation/Jean-Daniel Cossette
49 Domaine public   **53** BAC C-073635   **55**
HG © 2011, Photos.com, a division of Getty Images.
87537001 ; HM © 2011, Shutterstock Images LLC
28193062 ; HD © 2011, Photos.com, a division of Getty
Images. 89338491 ; BG © M. Rosevear ; BM © 2011,
Shutterstock Images LLC 3389984 ; BD © C. Samuel
56 © BAC/C-011014   **59** © BAC-C-082972
60 G © BAC C-016952 ; G © 2011, Shutterstock Images

LLC 71920786 ; D © 2011, Photos.com, a division
of Getty Images. 89897264 ; M © 2011 Photos.com,
a division of Getty Images. 106530240   **61** © BAC-C-
038727   **68** © BAC-C-010520   **69** © BAC-C-000317
70 G © Photodisc ; M © Musée McCord, Montréal /
M974.170-P1   **72** © Photodisc   **77** © BAC/C-011925
79 H © Musée de la civilisation. Coffret, collection
Coverdale no 68-2243 ; M © Musée de la civilisation.
Bonnet, collection Sir Thomas Chapais no 68-1970 ;
M © Musée de la civilisation. Ciseaux, collection
Coverdale no 68-3330 ; M © Musée de la civilisation.
Fil, collection Olga Bérubé no 75-912   **81** © Francis
Lépine   **82** H Gracieuseté de la Ville de Repentigny ;
B © BAC/C-073398   **83** © BAC/C.W. Jefferys
85 H Collection particulière ; M Collection particulière ;
B © 2011, Photos.com, a division of Getty Images.
92032572   **89** H © BAC/C-08519 ; B © BAC/C-000360
91 © BAC/C-008486   **92** H © BAC/C-006022 ;
BG © BAC/C-007183 ; BD © BAC/C-073710
93 © Parcs Canada   **95** HG © 2011, Shutterstock
Images LLC 70574185 ; HD © 2011, Photos.com,
a division of Getty Images. 92833886 ; MG 92834488 ;
MD 92839235   **97** © Artville   **98** D © Musée amérindien
de Mashteuiatsh ; G © La Pulperie de Chicoutimi
99 © Gilbert Bochenek/Licence Creative Commons
Paternité   **105** © BAC/No. 1970-188-620 W.H.
Coverdale Collection of Canadian   **115** Gracieuseté
de la Ville de Repentigny   **116** Domaine public
117 H, M, MG © Musée des Ursulines de Québec ;
MD © 2011, Photos.com, a division of Getty Images.
87493260   **126** G © P.G. Adam/Publiphoto ;
M © Xiaoping Liang/iStockphoto ; D © 2011,
Shutterstock Images LLC 22945858   **129** BD © Town
of Lincoln ; BG Domaine public   **132** MG © AP Cortizas
Jr/iStockphoto ; BG © Danita Delimont/Alamy ;
BD © Charles E. Rotkin/CORBIS   **133** © 2011, Photos.
com, a division of Getty Images. 104656194

Glossaire

À la Fontange: cheveux frisés sur le front. À l'arrière, ils sont ramassés en chignon et couverts d'un bonnet. De gros plis de dentelle se dressent au-dessus du front.

Actionnaire: personne qui possède en partie une compagnie.

Affluent: cours d'eau qui se jette dans un autre.

Alêne: aiguille servant à percer et à assembler le cuir.

Autel: table autour de laquelle le prêtre célèbre la messe.

Bac: bateau à fond plat servant à traverser un cours d'eau.

Basque: partie inférieure du vêtement, de forme plus ou moins évasée selon la mode.

Bastion: partie avancée d'une fortification.

Bombarde: instrument à vent, de la famille du hautbois, originaire de Bretagne en France, au son nasillard et perçant.

Bonnet piqué: bonnet matelassé.

Bourgeois: personne de condition aisée qui possède des biens.

Cadran solaire: cadran où l'heure est marquée par l'ombre d'une tige de métal.

Caduque: feuille qui tombe et qui se renouvelle chaque année.

Cantique: chant religieux.

Cap: pointe de terre qui s'avance dans le fleuve ou dans la mer.

Capitale administrative: ville où se réunit le gouvernement.

Carder: peigner, démêler la laine.

Caveau: petite cave aménagée directement dans le sol.

Censitaire: celui qui paie le cens, une taxe versée au seigneur.

Chantier naval: endroit où l'on construit des bateaux.

Chapellerie: endroit où l'on fabrique des chapeaux.

Chronologique: classé selon les dates.

Colombage: assemblage de poutres.

Colombier: bâtiment en forme de tour où l'on élève des pigeons.

Colonie: territoire gouverné par un pays étranger.

Communauté religieuse: groupe de femmes ou d'hommes qui vivent ensemble et suivent des règles de vie religieuse.

Commune: terrain où les habitants de la seigneurie font paître leurs bêtes.

Confluent: endroit où deux cours d'eau se rencontrent.

Contrebande: commerce fait en cachette, sans permis.

Convertir: amener une personne à changer ses croyances religieuses.

Corset: sous-vêtement qui moule le ventre et la taille.

Corvée: travail gratuit pour le seigneur ou pour un voisin.

Coureur des bois: Français qui va à la rencontre des Amérindiens pour commercer.

Couvent: maison où vivent les membres d'une même communauté religieuse.

Débit: quantité d'eau qui s'écoule durant un temps donné en un point précis d'un cours d'eau.

Dysenterie: maladie grave qui touche les intestins et donne la diarrhée.

Enchère: vente publique.

Engagé: homme qui s'engage à travailler pendant trois ans en Nouvelle-France. En échange, il obtient un toit, de la nourriture et un petit salaire.

Engageante: garniture en dentelle en forme d'entonnoir, qui orne le bas des manches.

Esclave: personne privée de sa liberté, au service d'un maître ou d'une maîtresse.

Estuaire: endroit où le fleuve s'élargit avant de se jeter dans l'océan.

Évangéliser: enseigner la religion catholique; convertir à cette religion.

Évêque: prêtre haut placé responsable des questions religieuses dans la colonie.

Exporté: qui est vendu à un autre pays.

Fauchon: faux munie d'un râteau pour la coupe des céréales.

Feutre: tissu fait de poils pressés et collés.

Flotte: groupe de bateaux de guerre.

Forge: atelier où les artisans travaillent le métal au feu et au marteau.

Fourrage: céréales entreposées dans la grange servant de nourriture au bétail, comme le foin, l'avoine ou le maïs.

Franche: qui ne fait pas partie des troupes régulières.

Houe: lame de métal munie d'un long manche, qui sert à retourner la terre.

Hydraulique: fourni par les chutes et les cours d'eau.

Hymne: chant religieux.

Immigrant: personne qui s'établit dans un nouveau pays ou une nouvelle colonie.

Importé: qui provient d'un autre pays.

Indigène: plante qui pousse naturellement dans une région, autrement dit, qui n'a pas été importée.

Indigotier: plante dont on extrait l'indigo, une teinture bleue.

Jabot: ornement de dentelle qui s'étale sur la poitrine.

Justaucorps: vêtement cintré à la taille qui descend jusqu'aux genoux.

Lard: graisse qui se trouve en dessous de la peau du porc.

Lot: partie d'une terre, appelée aussi concession.

Magasin: entrepôt de marchandises destinées à être conservées, distribuées ou vendues.

Métallurgie: procédé de fabrication des métaux.

Milice: groupe formé de colons prêts à défendre la colonie.

Missionnaire: religieuse ou religieux chargé de parler de la foi chrétienne.

Mitasse: jambière fabriquée dans des peaux d'animaux.

Monseigneur: titre donné aux évêques.

Mousquet: arme à feu munie d'un long canon.

Noble: personne de condition aisée qui possède de nombreux privilèges grâce à sa famille ou à la faveur du roi.

Paroisse: territoire sous la responsabilité d'un prêtre, appelé curé.

Planisphère: carte qui représente les deux hémisphères de la Terre.

Poste de traite: établissement où les Européens et les Amérindiens se rencontrent pour échanger des biens, conclure des ententes et tisser des liens.

Scorbut: maladie provoquée par un manque de vitamine C.

Sermon: discours religieux.

Shérif: personne responsable de l'application de la loi dans une localité.

Siège: encerclement d'une ville par une armée afin de s'en emparer.

Sinueux: qui fait des détours.

Tannerie: endroit où l'on traite les peaux d'animaux pour en faire du cuir.

Taverne: commerce où l'on sert à manger et à boire.

Tonnelier: artisan qui fabrique des barils de bois.

Torchis: mélange d'argile et de paille hachée.